The globe

William Shakespeare

EN VINTERSAGA

Av William Shakespeare
på Ordfronts förlag:

Romeo och Juliet
En midsommarnattsdröm
Kung Lear
Som ni vill ha det
Julius Caesar
Perikles
Macbeth
Hamlet
Othello
Rickard III

William Shakespeare

EN VINTERSAGA

I svensk översättning
av Britt G. Hallqvist
& Claes Schaar

Ordfronts förlag

Utgivningen av *En vintersaga*
sker i samarbete med Spegelteatern

William Shakespeare: En vintersaga
Ordfronts förlag, Box 17506, 118 91 Stockholm

FÖRSTA UPPLAGAN, MAJ 1993
ORIGINALETS TITEL: THE WINTER'S TALE
GRAFISK FORM: CHRISTER HELLMARK
SATT MED MONOTYPE BEMBO (POSTSCRIPT)
TRYCK: SMEGRAF I SMEDJEBACKEN, 1993
ISBN 91-7324-332-9

En vintersaga

Personer

LEONTES, Siciliens kung
HERMIONE, Leontes drottning
MAMILLIUS, deras lille son
PERDITA, deras dotter
POLIXENES, Böhmens kung
FLORIZEL, hans son
CAMILLO
ANTIGONUS adelsmän på Sicilien
CLEOMENES
DION
PAULINA, Antigonus hustru
EMILIA, hovdam hos Hermione
ARCHIDAMUS, adelsman i Böhmen
HERDEN, fosterfar till Perdita
HERDEPOJKEN, hans son
MOPSA
DORCAS herdinnor
AUTOLYCUS, en småsvindlare
En sjöman
En fångvaktare
Andra adelsmän, hovdamer, officerare, tjänare, herdar och herdinnor
TIDEN, som Korus

Handlingen utspelas dels på Sicilien, dels i Böhmen.

AKT I

Scen 1

Camillo och Archidamus

ARCHIDAMUS

Ja, Camillo, skulle ni någon gång besöka Böhmen i tjänsteärende som jag här, då kommer ni att finna en stor skillnad mellan vårt Böhmen och ert Sicilien.

CAMILLO

Nästa sommar ämnar nog kungen av Sicilien återgälda det besök han är skyldig Böhmens kung.

ARCHIDAMUS

Då får vi skämmas över att vi inte kan ta emot honom så storslaget som sig bör, men vår goda vilja får uppväga det, för sannerligen...

CAMILLO

Åh, för all del...

ARCHIDAMUS

Jag vet vad jag talar om. Vi kan inte åstadkomma något så praktfullt, så utsökt... ja, hur ska jag säga... Vi får väl ge er en sömndryck så att era sinnen inte uppfattar vår oförmåga och ni åtminstone inte föraktar oss, även om ni inte kan berömma.

CAMILLO

Ni betalar alltför dyrt för något som ges gratis.

ARCHIDAMUS

Tro mig, jag talar så gott jag förstår och min ärlighet bjuder mig.

CAMILLO

Siciliens kung kan omöjligt visa Böhmens kung alltför stor vänlighet. Som barn uppfostrades de två prinsarna tillsammans, och då rotades en varm vänskap som bär frukt nu. Sedan deras vuxna värdighet och kungliga plikter skilt dem åt, har de visserligen inte träffats personligen. Men de har utväxlat gåvor och brev och vänligt sinnade beskickningar, så att det verkar som om de möts fastän de är frånvarande. De har liksom skakat hand tvärs över stora vidder och omfamnat varann från motsatta väderstreck. Gud bevare deras vänskap!

ARCHIDAMUS

Jag tror inte att det i hela världen finns vare sig illvilja eller något annat ont som kan rubba den vänskapen. Ni har outsäglig glädje av er unge prins Mamillius. Det är den mest lovande lille junker jag har träffat.

CAMILLO

Jag delar helt era förhoppningar. Det är en käck pojke, han livar upp hela nationen och vederkvicker gamla hjärtan. De som gick på kryckor redan innan han föddes hoppas nu få leva länge nog för att se honom bli vuxen.

ARCHIDAMUS

Skulle de annars finna sig i att dö?

CAMILLO

Ja, om de inte hade något annat skäl att önska sig ett längre liv.

ARCHIDAMUS

Om kungen inte hade någon son, skulle de vilja gå på kryckor tills han fick en.

De går

Scen 2

Leontes, Hermione, Mamillius, Polixenes, Camillo och svit

POLIXENES

Herden har redan räknat nio skiften
av månen, sen vi lämnade vår tron,
och lika många skiften skulle vi
väl kunna fylla med tacksägelser
och ändå gå vår väg som gäldenär
för evig tid. Och därför, lik en nolla,

men på förnämlig plats, mångdubblar jag
med ett »jag tackar« många tusen fler
som har gått före.

LEONTES

Spara hellre tacket
till dess du reser.

POLIXENES

Det ska bli i morgon.
Jag fruktar för vad som kan råka ske,
vad som kläcks ut då jag är borta.
Ska hårda vindar hemma tvinga oss
att säga: »Ja, tyvärr, det slog ju in!«
Dessutom har jag tröttat ut dig nu
med detta långa uppehåll.

LEONTES

Åh nej, min broder,
så lätt kan du nog inte trötta ut mig!

POLIXENES

Jag stannar inte längre.

LEONTES

Jo, en vecka!

POLIXENES

Jag far i morgon.

LEONTES

Nej, bli halva veckan!
Inga protester!

POLIXENES

Åh, var inte envis!
I hela världen finns det ingen röst
som övertalar mig så lätt som din.
Den skulle segra nu om du begärde
något nödvändigt, även om det vore
av vikt för mig att vägra. Men min plikt
kallar mig hem. Att hindra mig, det vore
att skada mig – ursäkta; – och för dig
det skulle bli bekymmer och besvär.
Farväl, min broder.

LEONTES
Vår drottning tiger? Säg då någonting!

HERMIONE
Jag tänkte vänta tills du tvingat honom
att svära på att inte stanna längre.
Du ber för lamt. Säg att du vet att allt
är väl i Böhmen! Detta goda budskap
fick vi igår. Säg det till honom,
så slår du värjan ur hans hand!

LEONTES
Bra sagt!

HERMIONE
Att säga att han längtar efter sonen,
det vore rimligt. Om han säger det,
då får han resa. Svär han på det,
då måste han helt enkelt fara,
vi jagar honom bort med våra sländor.
Dock törs jag be ers höghet att få låna
ännu en veckas kungligt sällskap.
När ni i Böhmen fägnar min gemål,
ska han få lov att stanna en hel månad
utöver dagen som bestämts för hemfärd.
Och ändå älskar jag dig högt, Leontes,
varendaste sekund, och inte mindre
än någon hustru håller av sin man!
Ni stannar?

POLIXENES
Nej, madame.

HERMIONE
Åh, jo!

POLIXENES
Så sant jag lever, det är inte möjligt!

HERMIONE
Jaså minsann!
Ni viftar bort mig med en kraftlös ed.
Om ock ni svor så stjärnorna föll ner,
skulle jag säga: »Nej, så sant jag lever,

ni stannar här!« En sån försäkran
ifrån en dam har lika mycket kraft
som herrarnas. Nå, vill ni resa nu?
Tvingar ni mig att hålla er som fånge
och inte gäst, får ni betala vivret
när ni far hem, och slipper tacka.
Gäst eller fånge? Ja, så sant jag lever,
endera blir det!

POLIXENES

Nå, i så fall gäst!
Om jag är fånge förutsätter det
att jag begått ett brott, och det är inte
så lätt för mig som det är lätt för er
att straffa mig.

HERMIONE

Ja, jag vill inte vara
er fångkonstapel, hellre god värdinna!
Berätta nu för mig om de bravader
ni och min man som pojkar hade för er.
Små käcka herrar tänker jag ni var?

POLIXENES

Det var vi, sköna drottning, två som trodde
att alla dagar skulle vara lika,
vår morgondag så sorglös som vår gårdag,
och att vi alltid skulle vara pojkar.

HERMIONE

Min man var väl den störste skojaren.

POLIXENES

Vi skuttade som tvillinglamm i solen
och bräkte mot varann och bytte oskuld
mot oskuld, inte mer. Vi kände inte
det ondas konst, vi drömde inte om
att ont fanns till. Ifall vi fortsatt så
och våra unga sinnen inte blivit
mer pockande när kroppen växte till,
då kunde vi helt djärvt ha svarat himlen:
»Ej skyldiga!« – med undantag av
vår arvssynd.

HERMIONE

Och av det kan jag förstå
att ni har fallit sedan.

POLIXENES

Goda drottning,
sen dess har frestelserna blivit många.
I våra slyngelår var nämligen
min fru ett barn, och ännu hade inte
Leontes blickar nått er höga skönhet.

HERMIONE

Bevars! Dra ingen slutsats av det här!
I så fall gör ni ju er fru och mig
till djävlar, men låt gå! Vi tillstår gärna
de synder som vi har förfört er till,
om först ni syndade med oss, och sedan
har hållit er till oss och aldrig gjort
ett snedsprång.

LEONTES

Har du övertalat honom?

HERMIONE

Han stannar kvar.

LEONTES

Men jag fick nej av honom!
Hermione, min skatt, med sådan framgång
har du väl aldrig talat.

HERMIONE

Aldrig?

LEONTES

Jo, en gång.

HERMIONE

Två gånger? Jaså, när var första gången?
Åh, tala om det! Göd oss med beröm
som tamboskap! En enda bragd som dör
utan beröm tar död på tusen andra
som hade kunnat följa efter den.
Berömmet är vår lön. Ni kör oss förr
med ömma kyssar hundra mil och mer,

än ni med sporrar får oss till att springa
ett hundra steg. Men nu till saken!
Min sista goda gärning var att få
Polixenes att stanna. Och min första?
Den har en äldre syster, inte sant?
Åh, om hon hette Nåd! När har jag talat
med framgång förut? Säg! Jag längtar...

LEONTES

Den gången då tre sega månader
sig släpat fram innan jag fick dig
att öppna handen till ett kärlekslöfte.
»Jag är för evigt din«, så sa du då.

HERMIONE

Ja, det var nåd.
Se där! Två gånger har jag talat väl.
Den första vann jag mig en kunglig make
för hela livet, och den andra gången
fick jag en vän, ja, för en liten tid!

Räcker handen åt Polixenes

LEONTES *för sig själv*

För hett, för hett! Att gå för långt i vänskap,
det är detsamma som att blanda blod.
Jag har fått *tremor cordis* – hjärtat hoppar,
men det är inte glädje, inte glädje!
Den hjärtligheten ser så frejdig ut,
och den kan ta sig en och annan frihet
i namn av gästvänskap och värme
och ändå vara klädsam. Ja, minsann!
Men fläta samman fingrarna och tafsa
och öva sig i smil, som framför spegeln,
och sedan sucka djupt, det låter nästan
som hornsignaler när en hjort har stupat!
Den hjärtligheten ger mig värk i bröstet
och pannan likaså. Mamillius,
är du min pojke, säg?

MAMILLIUS

Ja, snälla far.

LEONTES
Min fina gosse! Har du smuts på näsan!
Det sägs den liknar min. Hör du, krabat,
vi måste rykta... Oh nej, snygga till oss!
Ja, ryktar, det är sånt man gör med hästar
och kor och kalvar – ännu pillar hon på
hans hand – hör på, du pigga ungkalv,
är du min kalv?

MAMILLIUS
Ja, om du vill det, far.

LEONTES
Du saknar bara tjurens ragg och horn
för att bli riktigt lik mig, fast det sägs
att vi är lika som två ägg. Ja, kvinnor,
de säger vad som helst! Men är de falska
som vind och hav och dåligt färgat tyg
och tärningar i handen på en man
som inte skiljer mellan mitt och ditt,
så är dock pojken lik mig. Lille junker,
kom, se på mig med himmelsblåa ögon!
Mitt kött och blod, min lille spelevinker!
Säg kan din mamma...?
Åh lidelse, du träffar mitt i hjärtat
och möjliggör den synd som tycks omöjlig.
Med drömmar umgås du, hur kan det ske?
Du håller hop med det som ej är verkligt,
med rena intet kan du smälta samman.
I så fall kan du nog förena dig
med *något*, ja, du gör det, mer än lovligt.
Jag finner att det är så, och blir drabbad,
så att min hjärna smittas och min panna
blir hård.

POLIXENES
Vad är det kungen säger?

HERMIONE
Han verkar upprörd.

POLIXENES
Men hur står det till?

Hur är det, käre bror?

HERMIONE

Du rynkar pannan
som om du grubblade på någonting.
Säg, är du ond?

LEONTES

Nej, jag försäkrar!
Ibland förråder själen all vår dårskap
och ömhet, och det roar hårda hjärtan.
Jag tyckte jag blev tjugotre år yngre,
nyss, när jag såg på pojkens anletsdrag.
Jag såg mig byxlös, i grön sammetskolt,
med dolken väl förvarad i sin slida
för att den inte skulle skada ägarn
och bli en risk, som prydnader kan vara.
Vad jag var lik den ungen, tänkte jag,
den telningen, den lille herrn. Får folk
dra dig vid näsan, min kavate vän?

MAMILLIUS

Åh nej, jag slåss!

LEONTES

Åh, jaså! Lycka till då! Broder,
har du din lille prins så kär som jag
har min?

POLIXENES

Ja, hemma är han all min glädje,
min lek och innehållet i mitt liv.
Än är han min kumpan, än fiende,
än snyltgäst, krigare, minister, allt!
Han gör en julidag kort som en juldag
och jagar med sitt barnasinne bort
osunda tankar.

LEONTES

Ja, den här krabaten
gör samma tjänst åt mig. Nu ska jag gå
med honom på en tur och lämna er
åt något mera seriöst. Hermione,

med vänlighet mot gästen visar du
din kärlek till din man. Det som är dyrt
här på Sicilien, låt det bli billigt.
Näst dig och denne lille pys står han
mitt hjärta närmast.

HERMIONE

Om du söker oss
är vi i parken. Ska vi vänta på dig?

LEONTES

Gör som ni vill. Jag ska nog hitta er
om ni är kvar på jorden.
För sig själv Ja, jag metar,
ni märker inte att jag kastar reven.
Se så, gå på!
Se hur hon lyfter näbben emot honom!
Nu väpnar hon sig med en hustrus djärvhet
emot sin tolerante man!

Polixenes och Hermione med svit ut

Försvunna redan!
Nu är jag skamligt fast, rejält behornad.
Gå, lek, min pys! Din moder leker också,
och jag, min lek är ynklig, och till sist
visslas jag ut till graven. Buanden och hån
blir själaringningen. Min gosse, gå och lek!
Bedragna äkta män har funnits förr,
och mången make håller i sin famn
just nu sin hustru och vet inte om
att slussen öppnats och herr Smil, hans granne,
har fiskat i hans damm när han var borta.
En tröst att andra män emot sin vilja
har öppna portar liksom jag! Om alla
med sedeslösa hustrur bleve galna,
då hängde sig var tionde av mankön.
Här hjälper ingenting. Det är en liderlig
planet med makt i alla väderstreck
som vållar denna skada, var så säker!
För kvinnoskötet finns det inga spärrar,
det släpper in vår fiende med hela

hans laddning, ska ni veta,
och många tusen karlar lider av det
utan att känna till det. Nå, min pojke?

MAMILLIUS
De säger att jag liknar dig.

LEONTES
Det är en tröst. Så du är här, Camillo?

CAMILLO
Ja, nådig herre.

LEONTES
Gå och lek nu,
Mamillius! Du är en hedersprick.
Mamillius går ut
Den fina gästen stannar än ett slag.

CAMILLO
Ni hade stort besvär med ankaret
– ni slängde ut det, men det fäste inte.

LEONTES
Det märkte du?

CAMILLO
Han ville inte stanna
när *ni* bad honom, nej, han skyllde på
en massa plikter.

LEONTES
Så det hörde du?
För sig själv
Folk har fått nys om det och viskar redan:
»Vår kung, han är...« Ja, nu har det gått långt!
Jag är den siste som får veta det.
Vad fick honom att stanna här, Camillo?

CAMILLO
Er goda drottnings bön.

LEONTES
Ja, drottningens,
men *goda*... Nej, det stämmer inte längre!
Har någon klyftig skalle mer än din
begripit det? Ditt vett är kvickt, du fattar

ju mer än dummerjönsarna. Så bara
de klokaste har märkt det? Några få?
Men vanligt folk är blinda för affären?

CAMILLO

Affären? Alla vet att Böhmens kung
blir kvar här litet längre.

LEONTES

Inget mer?

CAMILLO

Han stannar alltså.

LEONTES

Ja, men varför det?

CAMILLO

Jo, för att tillfredsställa er, och hennes nåd
vår drottning, har begärt det.

LEONTES

Tillfredsställa?
På drottningens begäran? Det får räcka!
Camillo, jag har anförtrott dig allt
som ligger mig om hjärtat, ofta
privata ting. Då var du som en präst,
min själ blev renad och jag gick ifrån dig
liksom ett skriftebarn, men vi har blivit
besvikna på dig, på din ärlighet,
på det som såg så ut.

CAMILLO

Det Gud förbjude!

LEONTES

Som sagt, Camillo: du är inte ärlig,
du vill nog vara det men är för feg;
det lamslår ärligheten, hindrar den
att gå sin raka bana, eller också
är du en liknöjd tjänare, fast du
fått hela mitt förtroende – om inte
du är en narr som ser ett spel förlorat
och tar det hela som ett skämt.

CAMILLO

Min nådig herre,
narraktig, liknöjd, feg kan jag väl vara,
för ingen är så fri från dessa fel
att ej hans dumhet, liknöjdhet och feghet
ibland kan bryta fram i världens alla
bestyr. Om jag med vilje varit liknöjd,
berodde det på dumhet. Var jag dum
med vilje, var det liknöjdhet hos mig,
jag tog för lätt på saken. Var jag rädd
att göra något som jag fann betänkligt,
och resultatet sedan skrek till himlen
om min försummelse, var det en rädsla
som till och med den klokaste kan känna.
Ers nåd, allt detta är förlåtlig svaghet
som inte hedern själv går fri ifrån.
Var öppen, herre, låt mig se mitt brott
i synen! Om jag då förnekar det,
så är det inte mitt.

LEONTES

Du har väl sett –
det *har* du om ditt öga inte är
ogenomskinligt som hanrejens horn...
du har väl hört – för inte tiger ryktet
om någonting som är så uppenbart...
du har väl tänkt – det måste alla göra
som har förstånd – att hon, min hustru,
är trolös. Erkänn det, för annars
förnekar du helt fräckt att du
har både ögon, öron och förstånd!
Säg att hon är en slampa och förtjänar
ett öknamn lika fult som någon piga
som släpper till sig före vigseln.
Säg det!

CAMILLO

Ifall jag råkade få höra hur
min drottning blev förhånad så, då skulle
jag genast hämnas. Nej, ers nåd, det svär jag:

så otillständigt har ni aldrig talat!
Att säga om det vore lika syndigt
som hennes brott ifall det vore sant!

LEONTES

Nå, är det ingenting att stå och viska
och luta kind mot kind, näsa mot näsa?
Att kyssas djupt, och kväva skratt med suckar,
ett säkert tecken på att man är trolös
att sätta fot på fot och gömma sig
i alla mörka vrår och önska
att klockan ginge fortare, att timmen
blev en minut, och middagstiden midnatt,
att alla andras ögon vore blinda
av starr, så att man fick synda ostört,
är detta ingenting?
Ja, då är världen, allt i världen intet
och himlen intet, Böhmens konung intet,
min hustru intet, själva intet intet,
om det är ingenting!

CAMILLO

Ers nåd, ni måste
bli botad från er sjukliga idé,
för den är farlig!

LEONTES

Kanske det, men sann!

CAMILLO

Nej, nej, ers nåd!

LEONTES

Jo, jo! Du ljuger, ljuger.
Du ljuger och jag hatar dig, Camillo.
Du är en tanklös träl, en bondtölp eller
opportunist som velar hit och dit
och ser på ont och gott med samma ögon
och prisar båda. Vore hennes lever
förgiftad liksom hennes liv, då skulle
hon inte leva ens en timme till!

CAMILLO

Och vem förgiftar henne?

LEONTES

Böhmaren,
han, kring vars hals hon hänger likasom
en medaljong. Hade jag trogna tjänare
som aktade min ära lika mycket
som egen vinst och nytta, skulle de
snart göra slut på den historien.
Och du, hans munskänk, som jag har lyft upp
från ringa stånd till högre ställning, du
som ser hur kränkt jag är, ser det så klart
som jord och himmel ser varandra,
du kunde blanda till ett elixir
som gav min fiende en evig sömn,
och mig en hjärtestärkare.

CAMILLO

Ers nåd, det kan jag,
men inte någon dryck som verkar snabbt;
nej, jag vill ha en saft som verkar långsamt
och inte är så skarp som andra gifter!
Men inte tror jag att min härskarinna
kan fela så, hon är ju hedern själv!
Kung, jag har alltid hållit av er...

LEONTES

Ja, betänk det
och dra år helvete!
Du tror jag är så vettlös och förvirrad
att jag har vållat all min pina själv
och smutsat mer min rena, vita bädd
som skänker sömn om den bevaras ren,
men om den fläckas blir som taggar, törnen
och getingsting och nässlor? Skulle jag
då skämma ut min son, min kronprins,
med tvivel på hans börd, han som jag tror är min
och älskar såsom min, skulle jag göra det
förutan grava skäl? Säg, är det möjligt,
att så bedra sig själv?

CAMILLO

Jag får väl tro er,
och böhmarn tar jag hand om, förutsatt
att när han väl är borta, ni på nytt
behandlar drottningen så ömt som förr,
också för prinsens skull och för att tysta
allt skvaller vid de hov och i de riken
där ni har bundsförvanter.

LEONTES

Ja, du råder mig
att följa just den kurs jag stakat ut.
Jag sätter ingen fläck på hennes ära.

CAMILLO

Gå då, ers nåd,
se ljus och glad ut, så som vänner gör
på fest, umgås med böhmaren
och med er drottning! Jag serverar honom.
Får han av mig en dryck som skänker hälsa,
då är jag inte mer er tjänare.

LEONTES

Nej visst! Så får du hälften av mitt hjärta
om icke, blir ditt eget hjärta kluvet.

CAMILLO

Jag tänker göra det, ers nåd.

LEONTES

Och jag
ska vara vänlig, så som du har rått mig.

Han går

CAMILLO

Åh, stackars drottning! Och jag själv, hur går det
med mig? Polixenes, den gode kungen,
ska jag förgifta för att jag bör lyda
min herre, fast min herre har gjort uppror
emot sig själv, och vill att alla
hans tjänare ska göra likadant.
Befordran följer på den gärningen,
men även om jag fann en mängd exempel

på män som mördat smorda konungar
och sen haft framgång, gjorde jag det icke.
Men då det inte finns ett enda sådant
i brons, på marmor eller pergament,
betackar sig väl till och med en skurk.
Jag måste här ifrån, och hur jag handlar,
så gäller det min hals. Hjälp, lyckostjärna!
Se, böhmaren!

POLIXENES

Besynnerligt! Jag är
visst inte omtyckt mer. Han bara tiger.
Goddag, Camillo.

CAMILLO

Majestät, var hälsad!

POLIXENES

Nå, vad har hänt vid hovet?

CAMILLO

Inget särskilt.

POLIXENES

Men kungen ser ju ut som om han skulle
ha mist en rik provins, en trakt han älskar!
Jag mötte honom nyss och hälsade
som vanligt, men då tittade han bort
och trutade med munnen helt föraktfullt.
Han lämnade mig kvar att grubbla över
vad som har gjort att han är så förändrad.

CAMILLO

Jag vågar inte veta det, ers nåd.

POLIXENES

Vad? Vågar inte? Eller vet ni inte?
Förklara nu hur saken ligger till,
för vad ni vet, det måste ni ju veta,
och ni får inte säga »vågar inte«!
Förändringen i era drag, Camillo,
är som en spegel där jag ser att också
jag själv förändrats, och jag känner
att jag har del i den förändringen,

ja, eftersom jag ser den hos mig själv.

CAMILLO

Det är en sjukdom som har drabbat några
av oss. Jag känner inte namnet på den,
men smittan kommer ifrån er, fast ni
är frisk och sund.

POLIXENES

Från mig? Vad menar ni?
Jag har väl inte basiliskens ögon?
Min blick har livat tusentals personer
och aldrig dödat någon. Hör, Camillo!
Så sant ni är en ädling och dessutom
beläst och lärd – det pryder inte mindre
vår adel än de namn vi ärvt av fädren –
nu ber jag er: ifall ni vet nånting
som jag bör veta, hölj då inte in det
i tigande som utestänger mig!

CAMILLO

Nej, jag får inte svara.

POLIXENES

En smitta ifrån mig fast jag är frisk?
Jag måste ha ett svar! Hör nu, Camillo,
vid allt vad äran kräver av en man –
som nu min bön – besvär jag er att säga
vad för slags ont som nalkas mig, hur nära
eller hur långt ifrån, och hur jag bäst
kan hindra eller härda ut med det!

CAMILLO

Ja, jag ska svara er, då vid min ära
jag blivit manad av en man som är
en man av ära själv. Lyss till mitt råd!
Det måste följas ögonblickligen,
när jag har gett det, annars är vi båda
förlorade, och då, farväl för alltid!

POLIXENES

Sjung ut, Camillo!

CAMILLO

Jag har blivit utsedd
att mörda er.

POLIXENES

Av vem, Camillo?

CAMILLO

Kungen.

POLIXENES

Men varför det?

CAMILLO

Han tror, nej, svär så övertygat
som om han sett det, eller varit sporren
som drev er till det, att ni rört hans drottning
på otillbörligt sätt.

POLIXENES

Om det är sant,
då må mitt blod förstelna och mitt namn
bli ett med hans som svek vår frälsare!
Ja, må mitt goda rykte bli som stank
i näsan också på de slöaste,
mitt sällskap hatat mer än någon pest
som nånsin man har hört och läst om!

CAMILLO

Om så ni svor vid alla himlens stjärnor
och deras verkan...ni kan lika gärna
förbjuda havet lyda månens dragning
som att med eder eller sunt förnuft
rubba den mur hans galenskap har byggt.
Den vilar på hans tro, och den består
så länge som hans egen kropp finns till.

POLIXENES

Hur har det uppstått?

CAMILLO

Ja, det vet jag inte,
men fly nu hellre ifrån det som uppstått
än fråga hur det hela har gått till.
För den skull, om ni litar på den heder

jag har i kroppen – ni kan ta mig med er
som gisslan – fly då genast – nu i natt!
I tysthet vill jag tala med ert folk
och släppa ut dem genom skilda portar,
två eller tre åt gången, bort från staden.
Själv söker jag hos er min lycka – här
är den förlorad, sen jag yppat detta.
Så tveka inte! Vid min faders ära,
jag har sagt sanningen! Om ni vill ha
bevis, då törs jag inte vara kvar här,
då är ni inte säkrare än en
som kungen själv har dömt till döden
och till och med bekräftat det med ed!

POLIXENES

Jag tror dig. Jag har sett hans hjärta
i anletsdragen. Räck mig handen
och bli min lots! Din plats ska alltid vara
invid min sida. Nu är skeppen redo,
mitt folk har väntat ett par dar på avfärd.
Härlig är hon som väckt hans jalousi,
och den är lika stor som hon är sällsynt,
och lika våldsam som han själv är mäktig.
Och eftersom han tror han blivit kränkt
av en som alltid lovat honom vänskap,
så lär väl hämnden bli dess bittrare.
Jag grips av oro, men en hastig flykt
kan kanske rädda mig och hjälpa
hans goda drottning som har råkat ut för
hans vrede och är misstänkt utan orsak.
Camillo, kom!
Hjälp mig att slippa här ifrån med livet,
så ska jag vörda dig liksom en far!
Kom, låt oss fly!

CAMILLO

Jag är den som har hand
om nycklarna till stadens alla portar.
Ers nåd, det brådskar, så följ med mig genast!

De går

AKT II

Scen 1

Hermione, Mamillius och hovdamer

HERMIONE
Ta pojken nu, han är besvärlig.
Jag orkar inte med honom.

HOVDAM 1
Kom, lille prins!
Kan jag få bli er lekkamrat?

MAMILLIUS
Nej, nej,
jag tycker inte om dig.

HOVDAM 1
Varför inte?

MAMILLIUS
Du kysser mig ju jämt och pratar med mig
som med ett småbarn. Men dig gillar jag!

HOVDAM 2
Och varför det, min prins?

MAMILLIUS
Ja, inte för
att dina ögonbryn är svartare,
fast jag har hört att svarta är så vackra,
om inte de är tjocka utan liknar
halvmånar... smala, liksom penslade.

HOVDAM 2
Åh, vem har lärt dig det?

MAMILLIUS
Jag har väl sett
hur tanterna ser ut i synen! Säg,
vad har du för en färg på ögonbrynen?

HOVDAM 2
Blått.

MAMILLIUS
Nu skojar du! Jag såg en fru som hade
blå näsa, inte blåa ögonbryn!

HOVDAM 1
Er mor, fru drottningen, har blivit rund,
och snart får vi ett furstebarn att passa.
Med oss kan prinsen kanske leka då
om vi ger lov.

HOVDAM 2
Hon har lagt ut betydligt
på sistone. Jag hoppas allt går väl!

HERMIONE
Vad är det ni funderar på? Kom, gosse,
nu har jag tid för dig. Sitt ner, berätta
en saga för mig!

MAMILLIUS
Rolig eller sorglig?

HERMIONE
En rolig saga, om du vill.

MAMILLIUS
En sorglig saga passar bäst på vintern,
och jag kan en om troll och spöken.

HERMIONE
Nå, sätt i gång, berätta nu och skräm mig
med dina spöken, för det kan du bra!

MAMILLIUS
Det var en gång en man...

HERMIONE
Nej, sätt dig. Börja nu.

MAMILLIUS
Han bodde vid en kyrkogård. Jag viskar,
så inte de där fnissorna kan höra.

HERMIONE
Ja, fortsätt då, och viska i mitt öra.

Leontes, Antigonus med flera hovherrar kommer

LEONTES
Så han var där? Med följe? Och Camillo?

HOVMAN 1

Ja, bortom pinjedungen. Aldrig har jag
sett några ha så brått. Jag följde dem
med blicken ända ner till skeppen.

LEONTES

Åh,
då gissade jag rätt! Ja, det var riktigt.
Ack, den som ändå visste litet mindre!
I bägarn kan en spindel ligga dränkt.
Man dricker, går från bordet utan att
ha tagit skada, man är omedveten
om giftet. Men om någon visar fram
det fula krypet och gör klart för en
vad man har druckit, ja, då kräks man häftigt,
så att man håller på att spränga bröstet.
Jag såg den spindeln då jag drack. Camillo
har bistått honom som hans kopplare.
De intrigerar mot mitt liv, min krona.
Allt vad jag misstänkt, det är alltså sant!
Den skurk jag lejde var på förhand köpt
av honom, och han har förrått min plan.
Här står jag som en idiot, en bricka
i deras fula spel. Hur slapp de ut
igenom portarna så lätt?

HOVMAN 1

Tack vare
hans höga ställning som på er befallning
har åstadkommit större ting än så.

LEONTES

Det vet jag alltför väl. Kom hit med pojken!
Så väl att inte du har ammat honom!
Fast han är litet lik mig har han fått
för mycket blod av dig.

HERMIONE

Du skämtar väl?

LEONTES

Gå ut med pojken, han får inte vara

hos henne. Gå då! Hon kan hellre leka
med den hon bär på nu. Polixenes
har gjort dig tjock.

En hovdam ut med Mamillius

HERMIONE

Det har han inte,
och jag är viss på att du tror mitt ord,
om än du nekar.

LEONTES

Mina herrar, titta
på henne noga, och jag tror ni säger:
»Det är en vacker kvinna.« Men lägg till
i ärlighetens namn: »Dessvärre har hon
inte en gnutta ärbarhet i kroppen!«
Ja, prisa hennes yttre, det förtjänar
minsann beröm. Men sedan följer »hm«
och »ha« och axelryckningar,
de två små brännjärn som förtalet brukar;
nej, det var fel: barmhärtigheten gör det,
förtalet, det brännmärker själva dygden.
Nå, när ni sagt »Hon är en vacker kvinna«,
då blir det axelryckningar och »hm« och »ha«
innan ni hinner säga: »Hon är dygdig.«
Dock må det vara sagt av den som mest
har skäl att sörja över det: »Hon är en sköka!«

HERMIONE

Hade den värste skurk i världen sagt det,
blev han en ännu större skurk med detta,
men ni, min herr gemål, ni misstar er!

LEONTES

Nej, det är ni, min fru, som tagit miste:
Polixenes i stället för Leontes!
O du ditt stycke, alltför hög i rang
att nämnas vid ditt rätta namn av mig!
Jag vill ju inte locka populasen
att bruka samma språk om alla stånd
och glömma bort den skillnad som bör göras

emellan prins och tiggare. Jag sa
att hon är sköka, och åt vem hon är det.
Än mer: hon har förrått mig, och Camillo
är i komplott med henne. Han vet om
vad själv hon borde skämmas för att veta
tillsamman med förföraren:
hon är en slampa av den fräcka sort
som folk ger öknamn åt, och hon är invigd
i deras flykt.

HERMIONE

Nej, vid min salighet,
det är jag inte! Du ska ångra dig
den dag du inser hur du har skämt ut mig!
Min käre man, du gottgör inte detta
med undanflykten att du misstog dig.

LEONTES

Nej, tar jag fel i den förvissning som
jag bygger på, ja, då är jorden inte
stark nog att bära pojkens lilla snurra.
Hon ska i häkte! Den som tar till orda
för henne, han tar del i hennes brott.

HERMIONE

Nu härskar onda stjärnor. Jag får vänta
med tålamod tills himlen visar upp
en mera gunstig bild. Ni goda herrar,
jag gråter inte lätt på kvinnors vis,
men vattnar inte dagg från mina ögon
er sympati, då vissnar den kanhända?
Dock har jag inom mig den äkta sorgen,
den brinnande, som inga tårar släcker.
Jag ber er, mina goda herrar, döm mig
så milt och klokt som era hjärtan råder,
och sen må kungens vilja ske!

LEONTES *till vakten*

Nå, blir jag åtlydd?

HERMIONE

Vem följer mig? Jag ber ers höghet

att låta mina damer komma med.
Ni ser ju att mitt tillstånd kräver det.
Små dumma flickor, ni ska inte gråta,
ni har alls ingenting att gråta för!
Kan det slås fast att jag förtjänar bojor
och ändå frikänns, ja, då kan ni gråta!
Den rättegång som väntar mig kan bara
bli till min heder. Nå, farväl, min herre,
jag ville aldrig se dig sorgsen, men
nu blir det så. Kom, ni får följa med.

LEONTES

Lyd min befallning. Gå!

Hermione och damerna ut under bevakning

HOVMAN 1

Ers nåd, be drottningen att komma åter!

ANTIGONUS

Besinna er, låt inte rätt bli våld
till skada för tre furstliga personer:
er själv och drottningen och prinsen!

HOVMAN 2

Ja, för henne
ger jag mitt liv i pant ifall ni vill.
Ja, jag kan svära på att hon är skuldfri
i himlens ögon liksom inför er,
i det som ni beskyller henne för.

ANTIGONUS

Kan det bevisas att hon icke är det,
då håller jag min egen hustru instängd
som sto på stall och går i par med henne.
Då tror jag bara vad jag ser och känner.
Varenda tum av kvinna här i världen,
ja, varje gram av kvinnokött är falskt
om drottningen är falsk!

LEONTES

Håll munnen!

HOVMAN I
Nådig herre...

ANTIGONUS
Det är för er skull, inte vår, vi talar.
En ryktesspridare har lurat er,
må fan ta honom! Fick jag fatt i karlen,
slog jag ihjäl honom. Hon ärekränkt!
Jag har tre döttrar, en på elva år,
en nio och den yngsta nästan fem.
Är detta sant ska de få känna av det!
De skulle snöpas, aldrig fylla fjorton
och föda horungar som ärver mig.
Förr snöper jag mig själv än låter dem
ge livet åt en usel ätt.

LEONTES
Nej, stopp!
Du har visst inte mera väderkorn
än död mans näsa, men jag ser och känner,
som du kan känna när jag gör så här
och se den hand jag gör det med.

ANTIGONUS
Om det är sant,
behövs det ingen grav för hederns likfärd,
för det finns inte kvar ett korn av den
att mildra stanken ifrån jordens dynghög!

LEONTES
Vad nu, ni tror mig inte?

HOVMAN I
I denna sak bör ingen tro ers nåd,
men tro på mig. Nog är det mycket bättre
att hon är dygdig än att ni har rätt,
hur mycket ni än klandras för er misstro!

LEONTES
Behöver vi väl be om hjälp av er?
Nej, hellre följer vi vår säkra instinkt.
Vårt majestät behöver inga råd.
Det var av godhet som vi sa er detta.

Om ni, av dumhet eller list, nu inte
ser sanningen som vi, ta reda på den!
Bespara oss ert råd, för hela saken,
förlust och vinst och alla mått och steg
beror på oss.

ANTIGONUS

Jag skulle önska, furste,
att ni i tysthet övervägt det här,
inte offentligt!

LEONTES

Det var inte möjligt.
Är du senil? Om inte, är du född
som narr! Lägg samman två och två:
Camillos flykt, de tvås förtrolighet
som gör att alla aningar bekräftas.
Åsyna vittnen fattas, inget annat
än detta enda: *se.* Indicier
har vi tillräckligt av. Det tvingar oss
att gripa in. Men för att vara säker,
och inte handla alltför överilat
har jag sänt Dion och Cleomenes
till Delfis helgedom, Apollos tempel.
De männen kan man lita på, det vet ni.
Oraklet ger dem hela sanningen,
sen kommer gudens svar att hejda eller
att driva på mig. Har jag handlat rätt?

HOVMAN 1

Fullkomligt rätt, ers nåd.

LEONTES

Själv är jag övertygad, men oraklet
kan lugna andra, de naiva själar
som inte vågar inse sanningen.
Nu ska hon hållas fängslad, skild från oss,
så att hon inte kan begå det mord
hon fått i uppdrag av de två som flydde.
Kom, vi ska hålla tal till folket. Detta
kommer att skaka alla.

ANTIGONUS *för sig själv*

Ja, de skakar
av skratt om sanningen blir uppenbarad!

De går ut

Scen 2

Paulina och en hovman med följe kommer

PAULINA

Fångvaktaren, säg till att han ska komma,
och tala om för honom vem jag är.
Min kära drottning, inget hov i hela
Europa är för fint för dig, så varför
är du i häkte?

Fångvaktaren kommer

Vet ni vem jag är?

FÅNGVAKTAREN

En ädel dam som jag har aktning för.

PAULINA

Då ber jag er: för mig till drottningen!

FÅNGVAKTAREN

Det törs jag inte. Jag har stränga order,
madame.

PAULINA

Vad är det för ett sätt:
förbjuda den högt ärade att tala
med goda vänner? Får man ändå lov
att träffa hennes damer? Någon av dem?
Emilia?

FÅNGVAKTAREN

Madame, sänd bort ert följe,
så ska jag hämta henne.

PAULINA

Tack. Gå ut,
så är ni snälla.

Hovmannen med följe ut

FÅNGVAKTAREN

Men min fru, jag måste
bevittna mötet själv.

PAULINA

Låt gå för det.

Fångvaktaren ut

Här gör man vitt till svart så grundligt att
det övergår all färgarkonst. Ett sånt besvär!

Fångvaktaren kommer med Emilia

Min bästa fröken, säg hur står det till med
vår nådiga furstinna?

EMILIA

Så pass bra det kan
med en så hög och övergiven dam.
Men i sin sorg och vånda som hon bär,
mer stolt än någon känslig kvinna gjort,
har hon i förtid fött sitt barn till världen.

PAULINA

En son?

EMILIA

Nej, dotter, så förtjusande,
så full av liv, en tröst för drottningen.
Hon säger: »Stackars lilla fånge, jag
är skuldfri liksom du.«

PAULINA

Det svär jag på!
Åh, fy för kungens alla galna nycker!
Han ska få höra det av mig, för sådant
kan kvinnor bäst. Jag åtar mig den saken.
Blir jag för mild, då kan min tunga gärna
få blåsor för att aldrig mer förkunna
som en trumpet mitt glödande förakt!
Emilia, hälsa drottningen och säg:
om hon törs anförtro sitt barn åt mig,
så ska jag visa kungen det, och högljutt
försvara hennes sak. Vi vet ju inte
ifall han veknar när han ser den lilla.

Oskuldens tystnad övertygar ofta
när alla ord slår fel.

EMILIA

Ja, nådig fru,
ert mod, er godhet är så uppenbara
att er behjärtansvärda plan omöjligt
kan gå om intet. Det finns ingen dam
som ägnar sig så väl för denna uppgift.
Stig in i nästa rum, så ska jag genast
ge drottningen besked om ert förslag.
Hon tänkte på den saken just i dag,
men hon törs inte be nån mäktig man,
han skulle säkert vägra.

PAULINA

Säg henne då, Emilia, att jag
ska bruka tungan! Om de rätta orden
strömmar från den som modet från mitt hjärta,
då lyckas jag!

EMILIA

Gud signe er! Nu går jag
till drottningen. Stig in och vänta här.

FÅNGVAKTAREN

Madame, om drottningen vill skicka barnet
och jag ger tillstånd, vad riskerar jag?
Jag saknar fullmakt.

PAULINA

Åh, var inte rädd!
En fånge i sin moders liv var barnet.
Nu har naturens lag befriat det,
och det har ingen del i kungens vrede
eller i moderns skuld, om hon är skyldig!

FÅNGVAKTAREN

Det tror jag.

PAULINA

Så var inte rädd. Jag lovar
att ställa mig emellan er och faran.

De går

Scen 3

Leontes kommer

LEONTES

En ständig oro både dag och natt!
Men det är svaghet, enbart svaghet
att ta det så. Om bara inte skälet
alltjämt fanns kvar här, halva skälet:
äktenskapsbryterskan! Men han, kung Horbock,
är utom skotthåll för min hämndeakt.
Hon är dock i min hand! Om hon försvinner
och bränns på bål, då får jag kanske halva
min sinnesfrid tillbaka.
En tjänare in Nå, vad är det?

TJÄNAREN

Ers majestät...

LEONTES

Hur står det till med pojken?

TJÄNAREN

Han sov i natt, och det finns hopp om bättring.

LEONTES

Att se hans känslighet
då han förstod sin moders hela smälek!
Han föll ihop, han grämde sig, ja, han
tog åt sig skammen som den vore hans,
han miste matlust och humör, blev sömnlös
och tycktes tyna bort. Gå nu och se
hur pojken mår.
Tjänaren ut Nej fy, tänk inte mer
på honom! Blotta tanken på en hämnd
studsar tillbaks på mig. Han är för mäktig,
och han har bundsförvanter. Han får vänta
ännu en tid. Först hämnas jag på henne.
Camillo och Polixenes, de skrattar
åt mig, de tycks ha roligt åt min sorg.

De skulle inte skratta om jag kunde
nå dem, och hon som jag har i mitt våld,
hon skrattar minsann inte!

Paulina kommer med barnet på armen.
Antigonus, hovmän och tjänare försöker hindra henne

EN HOVMAN
Ni kommer inte in här.

PAULINA
Bästa herrar,
ni borde hellre hjälpa mig med detta!
Betyder verkligen hans raseri
mer än vår drottnings liv? Den rena själen
är skuldfri, mycket mer än han är svartsjuk!

ANTIGONUS
Nu räcker det!

EN TJÄNARE
Madame, hans nåd har haft en sömnlös natt.
Ingen får komma in.

PAULINA
Nej, ta det lugnt!
Jag kan ge honom sömn. Såna som ni
som tassar runt som skuggor, suckande
var gång han stönar, det är ni som ökar
hans sömnlöshet! Men jag, jag kommer
med sanningen, med hälsosamma ord,
och nu ska han bli botad ifrån sjukan.

LEONTES
Vad är det för ett bråk?

PAULINA
Vad då? Vi överlägger
om faddrar till ers höghet.

LEONTES
Vad för något?
Ut med den djärva frun! Antigonus,
jag har ju sagt att hon är portförbjuden!
Jag anade det här.

ANTIGONUS

Ja, jag
har hotat henne med ers nådes misshag
och mitt, ifall hon söker upp er.

LEONTES

Och du kan inte styra din gemål?

PAULINA

Jo, när det gäller något rätt och riktigt,
men vill han följa samma kurs som ni
och fängsla mig för att jag gör mig skyldig
till något hedersamt, då gör jag uppror!

ANTIGONUS

Bevars väl! Ja, när hon tar tygeln
blir det galopp. Hon snubblar inte!

PAULINA

Jag ber er, höge furste,
hör på mig, för jag anser att jag är
er trogna tjänarinna, läkare
och mest lojala stöd, fastän det inte
ser ut så nu när jag vill hjälpa er
på bättre sätt än de som utger sig
för era närmaste. Jag kommer från
er goda drottning.

LEONTES

Goda drottning!

PAULINA

Ja, goda drottning sa jag. Goda drottning!
Jag skulle kämpa som en man för henne
om jag var karl, den ringaste vid hovet.

LEONTES

Kör ut henne!

PAULINA

Kom an ifall ni vågar!
Ifall ni törs riskera era ögon!
Jag går när jag får lust, men först
ska jag ha gjort min plikt. Er goda drottning,
ja, hon är god! hon har skänkt er en dotter.

Se här! Hon ber er att välsigna flickan.
Lägger ner barnet framför Leontes

LEONTES
Ragata, häxa, ut! Kör bort henne!
Hon är en kopplerska!

PAULINA
Den sysslan
förstår jag lika litet som ni själv, min herre,
som ger mig titeln. Jag är lika ärbar
som ni är galen, och i dessa tider
förslår den ärbarheten ganska långt.

LEONTES
Förrädare! Ni låter henne hållas?
Senila toffelhjälte, har din höna
kört ner dig från din pinne? Ta horungen
och ge din käring den!

PAULINA
För evigt
förbannad blir din hand om du tar upp
prinsessan med den fula stämpel som
han satt på henne!

LEONTES
Karln är rädd för frun.

PAULINA
Var ni det också, skulle ni helt säkert
erkänna hennes barn som era egna.

LEONTES
En hop förrädare!

ANTIGONUS
Det är jag icke!

PAULINA
Och inte jag, och ingen annan här
utom han själv, för han förråder ju
sin egen och sin drottnings höga ära,
sin sons och dotters, åt förtalet
som stinger skarpare än något svärd.
Så står det till: han är liksom förhäxad,

och inget får honom att rycka upp
svartsjukans rötter som är lika ruttna
som nånsin ek och hälleberg är fasta.

LEONTES

En talträngd kona som har pryglat upp
sin make, och nu skäller hon på mig!
Nej, min är ungen inte alls. Den är
Polixenes. Ta bort den genast! Hon
och hennes mor ska bägge två på bålet.

PAULINA

Hon är ert barn. Ett ordspråk säger ju
att äpplet inte faller långt från apeln.
Så lik sin far! Ja, mina herrar, se
ett litet exemplar och likväl redan
ett avtryck av sin far: mun, ögon, näsa,
hans ögonbryn och panna, skåran där,
och groparna på kind och haka, smilet
och samma form på händer, naglar, fingrar.
Natur, du milda gudom som har gjort
den flickan lik sin fader till det yttre,
ifall du också skapar karaktären,
ge henne alla färger utom gult,
svartsjukans färg, för annars tvivlar hon på
att barnen som hon får är hennes makes!

LEONTES

Tvi, käringas! Och du, ditt kräk, som inte
kan få henne att tiga, borde hängas!

ANTIGONUS

Häng alla män som inte kan prestera
det mästerstycket, och vad får ni kvar?
Inte en undersåte!

LEONTES

Ut med häxan!

PAULINA

Den tarvligaste, grymmaste despot
kan inte vara värre!

LEONTES

Du ska brännas!

PAULINA

Ha! Kättare är den som tänder bålet
och inte offret. Jag vill inte säga
»tyrann«, men denna grymhet mot er drottning
och utan annan orsak än er egen
förryckta fantasi, det smakar starkt
av tyranni, och skämmer ut er
i världens ögon.

LEONTES

Vid er lydnadsplikt,
kör ut henne! Ifall jag var tyrann,
vad vore hennes liv? Hon höll nog munnen
ifall hon visste att jag var det. Ut!

PAULINA

Nej, inte knuffa mig! Jag går. Ta hand
om barnet, det är ert. Må himlen ge det
en bättre ledning. Bort med händerna!
Och ni som fjäskar för hans galenskap,
ni hjälper honom inte, ingen av er!
Adjö med er, jag går!

Paulina ut

LEONTES

Förrädare, du drev din fru till detta!
Mitt barn? Nej, bort med det! Ja, du som ömmar
för ungen, ta den och se till att den
blir slängd på bålet nu, så snart som möjligt!
Ja, du och ingen annan! Ta den genast,
sänd bud när det är gjort, inom en timme.
Jag vill ha klart bevis, och annars mister
du liv och gods, men om du vågar trotsa
min vrede, så säg till! Du ska du veta
att jag med egna händer krossar ungens hjärna.
Gå nu till bålet med den. Det var du
som hetsade din hustru mot mig.

ANTIGONUS
Nej, konung. Dessa herrar, mina vänner,
kan gå i god för mig om de behagar.

FLERA HERRAR
Det kan vi. Ja, ers kunglig höghet,
han rår ju inte för sin hustrus påhitt!

LEONTES
Ni ljuger allihop.

EN HOVMAN
Ers majestät,
tro bättre om oss! Vi har alltid tjänat
er troget, tänk på det! Vi ber på knä:
som lön för våra tjänster i det gångna
och tid som kommer, ändra ert beslut!
Det är för hemskt och blodigt, det kan få
ett kusligt resultat! Vi alla böjer knä.

LEONTES
Jag är en fjäder för var vind som blåser.
Horungen, ska den böja knä för mig
och kalla mig för far? Nej, det är bättre
att bränna upp den nu, så slipper
jag att förbanna den en vacker dag.
Nej, låt den leva... Nej, det får den inte!
Kom hit, barnmorskeman, som så beskäftigt
tillsammans med din hönsmadam försökt
att rädda horans unge – för det är den –
så sant ditt skägg är grått! Vad vågar du
för ungens räddning?

ANTIGONUS
Allt, ers nåd, ja allt
vad jag förmår och adelskapet kräver.
Den smula blod som jag har kvar, jag satsar
till skydd för oskuld. Allt jag kan, det gör jag!

LEONTES
Du ska få göra det. Så svär vid svärdet
att lyda min befallning!

ANTIGONUS

Ja, jag svär.

LEONTES

Så hör och lyd och minns: om du gör fel
på någon punkt, då innebär det döden
för dig och för din oförskämda käring,
hon slipper för idag. Vi bjuder dig
som vår vasall att föra bort den här
oäktingen till någon öde trakt
som ligger långt ifrån vårt rikes gränser
och överlämna henne där åt hennes öde,
åt vind och väder. Skona henne inte!
En främlings intrång förde barnet hit,
och jag befaller dig med rätta nu,
om du vill rädda kropp och själ från pina
att föra barnet till ett främlingsland
där slumpen livnär eller dödar det.
Så ta det nu!

ANTIGONUS

Jag svär, fast döden vore
en större nåd. Kom, stackars lilla barn!
Må goda andar lära korp och glada
att amma dig! Det sägs att björn och varg
ibland lagt av sin vildhet för att visa
barmhärtighet. Jag önskar er en större lycka
än detta dåd förtjänar. Himlens nåd
bevare dig för grymhet, stackars lilla
som dömts till undergång!

Han går ut med barnet

LEONTES

Nej, jag vill inte fostra andras yngel!

En tjänare kommer

TJÄNAREN

Ers nåd, ursäkta! För en timme sedan
kom bud från dem ni skickade till Delfi,
Cleomenes och Dion. De har landat.
Nu skyndar de sig välbehållna hit.

EN HOVMAN

Långt innan de var väntade, ers höghet!

LEONTES

Ja, tre och tjugo dagar tog dem resan.
En sådan fart! Det innebär att guden
Apollo vill att sanningen ska fram
så snart som möjligt. Herrar, gör er redo
att sammankalla rådet. Jag vill ställa
min pliktförgätna drottning inför rätta.
Offentligen anklagad ska hon också
bli rättvist dömd av en offentlig domstol.
Mitt hjärta tynger mig så länge hon
är kvar i livet. Gå! Gör som jag sagt!

De går

AKT III

Scen 1

Cleomenes och Dion kommer

CLEOMENES

Klimatet är så skönt, och luften mild.
En fruktbar ö, och templet överträffar
sitt goda rykte.

DION

Jag vill prisa det
som grep mig starkast: dessa himladräkter
(så vill jag kalla dem) och värdigheten
hos prästerna som bar dem. Och det offret!
Sublimt, högtidligt, rent av överjordiskt
var ritualet.

CLEOMENES

Ja, men framför allt:
oraklets röst slog lock för öronen
som åska ifrån Zeus. Jag kände mig
tillintetgjord.

DION

Om ändå resans utgång
blir lika god för drottningen, ack ja!
som den var skön och snabb och glad för oss,
då har vi använt tiden väl.

CLEOMENES

Apollo styre allting till det bästa!
De gör mig upprörd, dessa klagoskrifter
som hopar brott över Hermione.

DION

Man har ju skyndat på det hela så
att saken snart blir klar. Orakelsvaret
som är förseglat av Apollos präst
ska uppenbara allt, och något sällsamt

får då vi höra. Skaffa nya hästar!
Måtte det sluta lyckligt!

De går

Scen 2

Rättssalen. Leontes kommer följd av hovmän, ämbetsmän och rättstjänare

LEONTES

Vi säger det med sorg, den här processen
grämer oss djupt. Den svarande
är kungadotter, vår gemål
som vi har älskat högt. Beskyll oss inte
för tyranni, då vi så öppet vädjar
till lagen. Den ska ha sin gång till dess
hon blir förklarad skyldig eller frikänd.
Låt fången komma in.

EN ÄMBETSMAN

Hans höghet önskar
att drottningen personligen ska möta
i rätten. Får jag be om tystnad!

Hermione förs in av vakter, följd av Paulina och hovdamer

LEONTES

Läs upp anklagelsen.

ÄMBETSMANNEN *läser*

Hermione, gemål till den högädle Leontes, Siciliens konung, du är anklagad och instämd för högförräderi, i det du begått äktenskapsbrott med Polixenes, konungen av Böhmen, och därtill konspirerat med Camillo för att taga livet av vår allernådigaste herre konung, din furstlige make. Då denna plan till en del blivit avslöjad, har du, Hermione, tvärt emot en trogen undersåtes plikt och skyldighet med råd och dåd hjälpt dem att sätta sig i säkerhet genom nattlig flykt.

HERMIONE

Då allt vad jag kan göra är att neka
till det som jag i dag beskylls för
och inget annat vittnar till min fördel
än mina egna ord, vad hjälper det
att säga »icke skyldig«? Nej, min sanning
tar ni för falskhet, allt jag säger
är lögn för er. Men skådar himlens makter
på våra gärningar (som de ju gör)
då är jag säker på att oskuld tvingar
förtalet till att rodna, tyranniet
att darra för mitt saktmod. Du vet bäst,
fastän du minst vill medge det, att jag
jämt varit lika trogen som jag nu
är sorgsen. Det är mer än något drama
kan fängsla sin publik med. Se på mig!
Jag delar kungens läger, halva tronen
är min, jag är en mäktig furstes dotter
och mor till prinsen, rikets hopp, och jag
ska stå och orda här om liv och ära
för vem som gitter höra på! Mitt liv
är sorg, det vill jag helst bli av med,
men äran är de minas arvedel,
den måste skyddas!
Nu vill jag vädja till ditt samvete.
Innan Polixenes kom hit till hovet,
då höll du mig väl kär, och jag var värd det.
Hur har jag sedan dess försyndat mig
att jag ska stå här? Har jag vikit av
ett enda fjät i tanke eller handling
från ärans väg, må alla hjärtan här
bli hårda då, och de som står mig närmast
må ropa tvi på graven där jag jordas!

LEONTES

Det vet en var: en skamlös syndare
förnekar sina brott likaså fräckt
som han begått dem.

HERMIONE

Det är sant men
det gäller inte mig.

LEONTES

Du nekar?

HERMIONE

Jag kan inte
bekänna större fel än jag begått.
Här kallas det för synd. Polixenes
som man vill göra till min älskare,
har jag haft kär så som hans värdighet
förtjänade, med den slags värme
som passar sig för mig som drottning. Ja,
jag mötte honom med den hjärtlighet
du önskade och ingen annan känsla.
Jag skulle annars varit ohörsam
mot dig, och otacksam emot din vän,
vars kärlek, från den stund den lärt sig tala,
har sagt att den var din. Förräderi?
Ja, inte anar jag hur sådant smakar
ens om det dukas upp för mig. Men vad jag vet
är att Camillo är en hedersman.
Varför han rest, det vete gudarna!

LEONTES

Du kände till hans flykt, du vet vad du
har lovat göra medan han är borta.

HERMIONE

Herre,
det språk du talar nu förstår jag inte.
Mitt liv är värnlöst mot din fantasi.
Så ta det!

LEONTES

Din gärning, den är inte fantasi.
Du fick ditt horbarn med Polixenes,
det tror du jag har drömt? Du är så skamlös
som brottet är det, du är helt förljugen,
och du förnekar allting med en iver

som skadar dig. Din unge har slängts ut
med rätta. Ingen far har anmält sig ,
den skulden är ju din och inte barnets.
Du ska få känna vår rättfärdighet.
Det minsta straff som väntar dig är döden.

HERMIONE

Var god och spara på ditt hot, min herre!
Du hotar med det spöke jag vill möta.
För mig har livet ingen glädje mer.
Mitt livs klenod och ljuvlighet, din kärlek,
har jag gett upp. Att den har flytt, det ser jag,
hur vet jag inte. Och min andra glädje,
den första frukten av min unga kropp,
har ryckts ifrån mig som om jag var pestsjuk.
Min tredje skatt, ack, olycksstjärna,
revs från mitt bröst, ännu med oskulds mjölk
i oskulds mun, för att bli mördad. Själv
blir jag i varje gathörn kallad sköka,
och gränslöst hat förvägrar mig den vila
som alla barnsängskvinnor brukar få.
Och slutligen: jag släpas hit i hast
att under öppen himmel stå till svars,
fastän jag inte hunnit hämta krafter.
Min konung, säg, vad gott kan livet ge mig
som skulle skrämma mig för döden? Fortsätt!
Hör nu, och missförstå mig inte! Livet
är inte värt ett halmstrå, men min ära,
den vill jag rädda. Ska jag nu bli dömd
på gissningar, och slumrar vart bevis
förutom dem som fantasin har skapat,
då är det våld och inte lag och rätt.
Nu ska oraklet tala, höga herrar.
Mig ska Apollo döma.

EN HOVMAN

Vad ni kräver
är rätt och rimligt. Så kom hit med
orakelsvaret, i Apollos namn!

Några rättstjänare går ut

HERMIONE

Min far var kejsare av Ryssland.
Ack, om han levat nu och sett mig stå
här inför rätta! Om han såge vidden
av mitt elände, men med blicken fylld
av ömkan, utan spår av hämnd!

Rättstjänaren kommer med Cleomenes och Dion

EN ÄMBETSMAN

Svär nu er ed på rättens svärd att ni,
Cleomenes och Dion, var i Delfi,
och att ni fört orakelsvaret hit
förseglat, egenhändigt givet av
Apollos präst, och att ni sedan inte
har kränkt det heliga sigillet
och tagit del av brevets hemlighet.

DION OCH CLEOMENES

Det svär vi på.

LEONTES

Så bryt förseglingen och läs.

EN ÄMBETSMAN

»Hermione är en trogen hustru, Polixenes oskyldig och Camillo en redbar undersåte. Leontes är en svartsjuk tyrann, och hans späda lilla dotter av äkta börd. Konungen skall leva utan arvinge om icke det förlorade blir återfunnet.«

MÅNGA RÖSTER

Apollo vare lovad!

HERMIONE

Tack och pris!

LEONTES

Har du läst rätt?

ÄMBETSMANNEN

Ja, ordagrant,
som det står skrivet här, ers majestät.

LEONTES

Då är orakelsvaret inte sant.
Låt rätten ha sin gång. Det här är lögn!

En tjänare kommer

TJÄNAREN

Min konung! Herre konung!

LEONTES

Ja, vad är det?

TJÄNAREN

Jag kommer att bli hatad för mitt budskap.
Av skräck och oro för sin moders öde
har nyss er son, vår prins, gått bort.

LEONTES

Gått bort?

TJÄNAREN

Ja, han är död.

LEONTES

Apollos vrede!
Ja, själva himlen straffar mig för
min orättfärdighet!

Hermione svimmar

Vad hände nu?

PAULINA

Det budet blev vår drottnings död. Se här,
se dödens verk!

LEONTES

Bär ut henne!
Hon fick väl hjärtkramp, men hon repar sig.
Jag lät mig luras av min egen misstro.
Ge henne varsamt något läkemedel
som räddar livet.

Paulina och några damer bär ut Hermione

Oh förlåt, Apollo,
min grova hädelse mot ditt orakel!
Jag vill försonas med Polixenes,
jag söker åter vinna min gemål
och kallar hem Camillo och förklarar
att han är trofast, hederlig, barmhärtig.
Svartsjuka drev mig till att smida planer

på blodig hämnd. Då valde jag Camillo
till redskap. Han fick order att förgifta
min vän Polixenes. Det skulle skett
om inte hedern hade fått Camillo
att vänta, så att ordern ej blev verkställd,
fastän jag hotade med död som straff
ifall han inte löd, och lockade
med riklig lön ifall han gjorde det.
Men god och redbar som han är, han röjde
min plan för kungagästen, och han avstod
ifrån sin egendom fast den är stor.
Ja, åt ett ovisst ödes hela vågspel
gav han sig säkert. Så blev alltså äran
hans enda rikedom. Oh, vad han lyser
emot min rost, och hur hans karaktär
gör mina synder ännu svartare!

Paulina kommer

PAULINA

Oh ve! Mitt hjärta brister!
Skär upp mitt bälte, annars sprängs det!

EN HOVMAN

Madame, vad tar det åt er?

PAULINA

Tyrann, vad har du tilltänkt mig för plågor?
Hjul? Sträckbänk? Flammor? Blir jag flådd och kokt?
I olja? Bly? Ska gammal eller ny
tortyr jag få, när minsta ord jag säger
blir hotat av ditt allra värsta straff?
Ditt tyranni ihop med jalousin,
för dum för pojkar, larvig för små flickor
på nio år, se nu vad det ställt till!
Bli splitter galen! All din dårskap hittills
var bara som ett smakprov på det här.
Du svek Polixenes, en bagatell!
Det visade ju endast att du var
en nyckfull narr och gräsligt otacksam.
Camillos ära skulle bli förgiftad
av kungamord, en bagatell, det också.

Små simpla synder när man jämför dem
med andra, grövre brott. Att du satt ut
din späda dotter till ett rov för kråkor
är ingenting, fast Satan hellre skulle
ha gråtit mitt i avgrundseldens flammor.
Och inte rår du helt och hållet för
den unge prinsens död. Hans tankar var
för höga för ett barn. Hans hjärta brast när
han såg sin råa, dumma far förnedra
hans goda mor. Det ställs du ej till svars för,
åh nej, men detta sista! Höga herrar,
skrik högt när jag har sagt det! Drottningen,
vår kära ljuva drottning... hon är död,
och än har himlens hämnd ej slagit ner.

EN HOVMAN

Åh, Gud förbjude det!

PAULINA

Nu är hon död,
ja, död, det svär jag på! Gå dit och se
om inte ord och ed är nog. Om ni
kan ge åt mun och ögon färg och glans,
ge lungan luft igen, och huden värme,
då ska jag gärna dyrka er som gudar!
Men du, tyrann, här hjälper inte ånger,
med klagan lättas ej den tunga bördan.
Nej, ge dig hän åt djupaste förtvivlan
om också tusen mänskor böjde knä
i tio tusen år, på kala berg,
nakna och fastande, i evig storm
och vinter utan vår, det skulle inte
få gudarna att vekna!

LEONTES

Fortsätt,
ja, fortsätt! Du kan inte överdriva,
ty jag är värd det bittraste av strafftal.

EN HOVMAN

Nej, sluta! Hur det än förhåller sig,
har ni förgått er med ert djärva tal.

PAULINA

Det gör mig ont. Jag ångrar mig så snart
jag inser att jag felat. Ja, tyvärr
har jag förhastat mig på kvinnors vis.
Nu är han upprörd i sitt ädla hjärta.
Det som har skett har skett. Vad hjälper det
att sörja då? Låt ej mitt rop till himlen
slå ned ert mod! Nej, straffa mig i stället,
det ber jag, för att jag har påmint er
om vad som borde glömmas. Ädle herre,
ers nåd, min kung, förlåt en fjollig kvinna
som älskade er drottning... nej, så dumt!
Inte ett ord om henne eller barnen,
och jag vill inte tala om min man
som jag har mistat nu. Ha tålamod,
och jag ska tiga.

LEONTES

Du har talat väl
när du sagt sanningen. Den hör jag hellre
än ord av ömkan. För mig till de döda,
min drottning och min son. De ska bli lagda
i samma grav. På stenen ska det stå
vem som är skuld till deras död, till evig skam
för mig. En gång om dagen går jag
till gravkapellet för att finna lindring
i tårar där. Så länge som naturen
vill ge mig kraft till detta ritual,
ska det förrättas dagligen. Kom, för mig
till sorgens hemvist!

De går

Scen 3

Antigonus kommer med spädbarnet på armen, följd av en sjöman.

ANTIGONUS
Och är du säker på att vi har kommit
till Böhmens ödemark?

SJÖMANNEN
Ja, men tyvärr
är stunden illa vald. Det drar ihop sig
till storm. Jag tror att himmelen är ond
på oss för vad vi gör, den rynkar pannan.

ANTIGONUS
Ske himlens vilja! Gå ombord och passa
din skuta. Det ska inte dröja länge
förrän jag kallar på dig.

SJÖMANNEN
Ja, skynda er. Gå inte alltför långt in
i landet! Det tycks bli ett ruskigt väder,
och trakten är beryktad för de vilddjur
som jagar här.

ANTIGONUS
Gå du, jag kommer strax.

SJÖMANNEN
Ja, jag är hjärtans glad att slippa detta.
Han går

ANTIGONUS
Du stackars lilla, jag har hört att döda
kan gå igen, fast jag har aldrig trott det.
Om det är sant såg jag din mor i natt,
så levande kan inga drömmar vara.
En skepnad kom, hon vände huvudet
än hit, än dit. Jag har väl aldrig sett
en varelse som så har svämmat över
av sorg och dock behållit all sin skönhet.
I snövit dräkt, ett helgon lik, hon gled

emot min koj. Hon bugade tre gånger,
drog efter andan djupt och ville tala,
men ögonen blev källor som flöt över,
och först när smärtan stillats utbrast hon:
»Antigonus, min vän, emot din vilja
har ödet valt dig till att sätta ut
mitt barn, som du har lovat med en ed.
I Böhmen finns det gott om ödemarker.
Gråt där, och lämna henne gråtande.
De tror att hon för evigt är förlorad,
ge henne därför namnet Perdita!
Men för det grymma uppdrag som din herre
har gett dig, ska du aldrig återse
din fru, Paulina.« Sedan skrek hon högt
och löstes upp i luft. Jag blev förfärad
men tog mig samman och förstod att allt
var verkligt, inte dröm. Vem tror på drömmar?
Men detta gör mig skrockfull, jag vill låta
mig ledas, och jag tror Hermione
är död, och att Polixenes är far
till flickan, och för den skull vill Apollo
att hon blir lagd här för att leva eller
att dö på jord som tillhör hennes far.
Blomma, farväl! Här står det vem du är,

Lägger ner ett paket

och här, om lyckan vill, kan detta ge dig
ditt uppehälle och förslå till arv.
Nu kommer stormen. Stackars lilla krake
som för din moders skull blir utsatt så
för vad som helst! Ack, jag kan inte gråta,
men hjärtat blöder. Löftet som jag gav
förpliktar mig, jag måste göra detta.
Farväl! Det blir ett herrans väder, du lär få
en bister vaggsång. Aldrig såg jag himlen
så mörk om dagen. Vad är det för larm?
Ombord i hast! Åh, drevet kommer hitåt!
Jag är förlorad!

Han springer ut, förföljd av en björn

En gammal herde kommer

HERDEN

Det vore väl om det inte fanns någon ålder mellan tio och tjugotre, eller om pojkarna ville sova bort de åren, för då gör de bara jäntorna med barn och förargar de gamla och stjäl och slåss. Ja, hör bara! Skulle någon annan än sådana där stridstuppar på nitton och tjugotvå år ge sig ut och jaga i detta väder? De har skrämt bort två av mina bästa får, och dem hittar nog vargen förr än husbonden gör det. Om de finns någonstans är de väl nere vid sjön där de gnager på strandkrasse.

Upptäcker barnet

Du store tid, vad är detta? Bevare mig väl, en liten glytt! En fin liten glytt! Undrar om det är en pojke eller en flicka? En söt unge, riktigt söt minsann! Säkert ett felsteg. Fast jag inte är boklärd kan jag läsa en kammarpiga i det felsteget. Det har nog varit ett sånt där trappäventyr, eller i skåpet eller bakom dörren. De som gjorde den stackars ungen hade det varmare än ungen har det nu. Det är synd om den, jag ska ta upp den. Nej, jag väntar tills min son kommer. Han hojtade nyss på mig. Hallååå! Åhoj!

Herdepojken kommer

HERDEPOJKEN

Hallojan, ohojan!

HERDEN

Oj, var du så nära? Kom hit ska du få något att snacka om när du ligger död och rutten. Men hur är det fatt med dig?

HERDEPOJKEN

Jag har sett två fantastiska syner, på havet och på land! Fast jag kan inte kalla det hav, för nu är det himmel alltihop. Man kan inte sticka in en knappnål mellan hav och himmel.

HERDEN

Vad menar du, gosse?

HERDEPOJKEN

Du skulle bara se hur det frustar och rasar och sprutar mot stranden! Men det är inte det värsta. Oj, så ynkligt de skrek, de arma satarna! Ibland såg jag dem, ibland var de väck. Än spetsade skeppet månen på stormasten, och än slukades det av skum och fragda, som när man kastar en kork i ett ölfat. Och så landsstormen: att se hur björnen slet sönder skulderbladet på honom, och hur kan ropade på hjälp och skrek att han hette Antigonus och var adelsman... Men så var det skeppet. Havet slukade det,och som de arma satarna vrålade och havet for illa fram med dem, och som den stackars herrn vrålade och björnen for illa fram med honom! De vrålade ännu högre än havet och stormen.

HERDEN

Du milde himmel, när hände det?

HERDEPOJKEN

Alldeles nyss. Jag har knappt hunnit blinka sedan jag såg det. Liken har ännu inte hunnit kallna i vattnet, och björnen har bara hunnit äta halva sin herrmiddag. Han är i full gång.

HERDEN

Om jag ändå hade varit där och hjälpt den gamla herrn!

HERDEPOJKEN

Och tänk om du hade varit ute vid båten! Då hade ditt medlidande blivit bottenlöst!

HERDEN

Hemska saker, hemska saker! Men titta här, gosse, och korsa dig! Du ser dem som håller på att dö, och jag hittar det nyfödda livet. Här ska du se: en dopklänning för ett adelsbarn. Och titta här! Ta upp och öppna det. Nu ska vi se: jag har blivit spådd att älvorna skulle göra mig rik. Det här måste vara en bortbyting. Öppna det då! Vad innehåller det?

HERDEPOJKEN

Din lycka är gjord, gubbe! Om dina ungdomssynder är dig förlåtna, kan du få goda dagar nu. Guld, rena guldet alltihop!

HERDEN

Det är trollguld, gosse, den saken är klar. Ta det, och håll tyst om det! Nu måste vi hem så fort som möjligt. Vi har tur, gosse, och det kommer vi att ha bara vi kan hålla det hemligt. Strunt i fåren, nu gäller det att komma hem!

HERDEPOJKEN

Gå du raka vägen hem med ditt fynd. Jag ska se om björnen är färdig med herremannen, och hur mycket han har satt i sig. De är farliga bara när de är hungriga. Om det finns något kvar ska jag begrava det.

HERDEN

Ja, det är en god gärning. Och kan du av resterna se vad han var för slags man så hämta mig, för det vill jag också se.

HERDEPOJKEN

Det ska jag göra, och så får du hjälpa mig att lägga honom i jorden.

HERDEN

Det här är vår lyckodag, och då gäller det att göra goda gärningar.

De går

AKT IV

Scen 1

Tiden uppträder som Korus

TIDEN

Jag, Tiden, prövar många, hjälper andra,
gör ont och gott och sprider skräck och glädje.
Nu får jag lust att bruka mina vingar
och till ett flyktigt ögonblick helt snabbt
förvandla hela sexton års förlopp,
ett väldigt svalg! Ta inte illa upp,
ty jag har makt att bryta alla lagar,
att hjälpa eller stjälpa som jag vill.
Jag är precis densamme som jag var
när denna värld blev till, och skall förbli så.
Allt det som glittrar nu, det gör jag gammalt
och matt och dunkelt. Vad jag nu berättar
skall också mista glansen och bli glömt.
Nu vänder jag mitt timglas, nu skall scenen
helt plötsligt växla, som om ni, mitt herrskap,
just vaknat upp ur en törnrosasömn.
Leontes insåg att hans jalousi
var ödesdiger, och han stängde in sig
i ensamhet liksom en eremit.
Men föreställ er att ni ser mig nu
i Böhmens sköna land. Ni minns väl alla
att kungen där har sonen Florizel.
Så övergår jag snabbt till Perdita.
Hon har växt till i skönhet, hon beundras
av alla och envar. Men hur det går
för henne, vill jag inte förespå.
En fåraherdes dotter, hennes öde
skall ni få veta när det är så dags.
Fast lyckan hittills har gått upp och ner,
nu tror jag inte det blir sorgligt mer.

Han går

Scen 2

Böhmen. Polixenes och Camillo inträder.

POLIXENES

Jag ber dig, käre Camillo, var inte så enträgen. Att neka dig något gör mig sjuk, men att bevilja detta skulle bli min död.

CAMILLO

Inte på femton år har jag skådat mitt fädernesland. Fast jag har tillbringat mesta tiden utomlands är det där jag vill lägga mina ben till ro. Dessutom har den botfärdige kungen, min herre, sänt bud efter mig, och jag skulle kanske kunna vara till tröst i hans djupa sorg, det inbillar jag mig åtminstone. I alla händelser är det ytterligare ett skäl till att jag vill resa.

POLIXENES

Om du vill ta hänsyn till mig, Camillo, så utplåna inte alla dina tidigare tjänster genom att lämna mig nu! Din godhet har gjort mig helt beroende av dig, det vore bättre att aldrig ha haft med dig att göra än att gå miste om dig så här. Eftersom du har gjort mig tjänster som ingen annan än du kan fullfölja, måste du antingen stanna kvar för att avsluta dem eller också ta dem med dig när du lämnar mig. Om jag inte har uppskattat dem tillräckligt – de kan ju aldrig uppskattas till sitt fulla värde – så ska jag på allt sätt försöka visa större tacksamhet, och på så vis kan vår vänskap befästas ytterligare. Jag ber dig, tala inte mer om det där hemska Sicilien, bara jag hör namnet mår jag illa, för det påminner mig om min kollega kungen, som du säger har ångrat sig och blivit försonligt stämd. Att han miste sin härliga drottning och sina barn beklagar jag fortfarande. Säg mig, när träffade du sist prins Florizel, min son? Kungar är naturligtvis olyckliga när deras barn inte artar sig väl, men det är ännu värre att mista dem när de har visat goda egenskaper.

CAMILLO

Det är tre dagar sedan jag träffade prinsen. Vad han kan ha för nöjen vet jag inte, men det har slagit mig att han på sistone har hållit sig borta från hovet och inte ägnar sig så mycket åt sina furstliga plikter som förut.

POLIXENES

Jag har märkt detsamma, Camillo, med en viss oro. Jag har till och med ögon i min tjänst som observerar hans bortovaro, och de har underrättat mig om att han för det mesta håller till hos en enkel herde. Den mannen lär ha kommit sig upp från ingenting till ett otroligt välstånd, utan att hans grannar anar hur det har gått till.

CAMILLO

Honom har jag också hört talas om, och han lär ha en underbart vacker dotter. Hennes rykte är så vida spritt att man knappt kan fatta hur det har kunnat utgå från en så enkel hydda.

POLIXENES

Ja, det har jag fått reda på, och jag är rädd för metkroken som drar dit min son. Du ska följa mig dit, och vi ska slå oss i slang med herden utan att röja vilka vi är. Han är nog så enkelt funtad att vi utan svårighet kan lirka ur honom varför min son håller till där så ofta. Vill du inte vara snäll och hjälpa mig med detta, och ge upp dina tankar på Sicilien?

CAMILLO

Det ska jag gärna göra.

POLIXENES

Käre Camillo! Vi måste maskera oss.

De går

Scen 3

Autolycus kommer sjungande.

AUTOLYCUS

När påskens liljor skjuter opp,
hej, tiggartös, i dal, på berg,
då kommer årets bästa tid.
Din vinterbleka kind får färg.

När linnelakan hängs på häck,
hej, fågelsång, tjoho, tjohej,
då kliar det i fingrarna,
och kungligt smakar ölet mej.

Hör lärkans tiri-liri-li,
åhi åhej, och trastens sång!
I höet tumlar vi omkring,
min tös och jag, ännu en gång.

Jag har tjänat prins Florizel och gått klädd i fina sammetskläder, men nu har jag inget att göra.

Men inte sörjer jag, min vän!
Om natten lyser månen mej.
Jag vandrar hit, jag vandrar dit,
men aldrig går jag vilse, nej!

Om tattaren får gå i fred
med lädersäcken på sin rygg,
kan jag väl ock försvara mej
och stå i stocken lugn och trygg.

Jag handlar med kläder. När skatan bygger bo får ni hålla ett öga på småtvätten. Min far kallade mig Autolycus. Liksom jag var han avlad i Mercurius tecken, och liksom jag brukade han snatta småsaker. Tärningsspel och töser har skaffat mig den här munderingen, och jag drar mig fram med lurendrejeri. Men galge och prygel är alldeles för vanliga ute på landsvägarna, och jag har en ren skräck för att bli hängd och piskad. Vad livet efter detta angår bryr jag mig inte om att tänka på det. Ett kap, ett kap!

Herdepojken kommer

HERDEPOJKEN

Vart elfte får tjugoåtta mark: ett pund och några skilling. Femtonhundra klippta, vad ger ullen då?

AUTOLYCUS *för sig själv*

Håller snaran har jag fågeln fast!

HERDEPOJKEN

Det klarar jag inte utan kulram. Låt mig se: vad ska jag köpa till fårklippningsfesten? Tre pund socker, fem pund korinter, risgryn, vad i all världen ska min syster med risgryn till? Min far har utnämnt henne till värdinna vid festen, och nog är hon frikostig alltid! Hon har minsann bundit tjugofyra buketter till fårklipparna, allihop triosångare och riktigt duktiga, fast de flesta är tenorer och basar. Det finns bara en puritan bland dem, och han sjunger psalmer till klarinett. Jag måste ha saffran att färga pajerna med, muskotblomma och dadlar, nehej, det står inte på listan, muskotnötter, sju stycken, några ingefärsbitar, men dem får jag nog på köpet, fyra pund sviskon och lika mycket russin.

AUTOLYCUS *Vrider sig på marken*

O, om jag aldrig hade blivit född!

HERDEPOJKEN

Vad i hela friden!

AUTOLYCUS

Hjälp! Hjälp! Dra av mig de här paltorna, och måtte döden komma sen!

HERDEPOJKEN

Din stackars jäkel! Du behöver nog snarare fler paltor att dra över dig, än bli av med dem du har på dig!

AUTOLYCUS

Åh, de är så otäcka att det plågar mig mer än pryglet jag har fått: miljoner svidande rapp!

HERDEPOJKEN

Stackars karl! En miljon rapp, det är inte så litet!

AUTOLYCUS

Jag har blivit både rånad och slagen, mina pengar och kläder har jag blivit av med, och de här hemska trasorna fick jag i stället.

HERDEPOJKEN

Var det en ryttare eller en som gick till fots?

AUTOLYCUS

En som gick till fots.

HERDEPOJKEN

Ja visst, det kan man se på kläderna. Om det här är en ryttarjacka har den säkert varit med i många slag. Räck mig handen så ska jag hjälpa dig. Kom här, räck mig din hand!

Hjälper honom upp

AUTOLYCUS

O! Försiktigt! Aj! Jag är rädd att axlarna har gått ur led!

HERDEPOJKEN

Hur är det? Kan du stå på benen?

AUTOLYCUS

Var försiktig! *Han snattar ur den andres ficka*
Ta det så nätt är du snäll! Det var hyggligt av dig!

HERDEPOJKEN

Har du inga pengar! Du kan få litet av mig.

AUTOLYCUS

Nej, nej, min snälle vän! Nej för allt i världen! Jag har en släkting tre kvarts mil härifrån, jag var på väg till honom. Där får jag pengar och allt jag behöver. Erbjud mig inga pengar, för då blir jag rent förkrossad!

HERDEPOJKEN

Vad var det för typ som rånade dig?

AUTOLYCUS

En som är en riktig vandrande spelhåla. Han har varit tjänare hos prinsen, men jag vet inte vilken av hans dygder som gjorde att han blev bortkörd från hovet.

HERDEPOJKEN

Hans laster, menar du väl. Dygden drivs inte bort från hovet, nej, där fjäskar de för att den ska stanna kvar, och ändå flyr den fort sin kos.

AUTOLYCUS

Laster, ja, det menade jag förstås! Den där karln känner jag väl. Han har gått runt och förevisat en apa, sedan har han varit rättstjänare och fogde, och så hade han ett marionettspel om den förlorade sonen. Han gifte sig sedan med en plåtslagarhustru en mil från där jag bor. I förbigående sysslade han litet med skumma affärer och bestämde sig till slut för att bli skojare på heltid. Somliga kallar honom Autolycus.

HERDEPOJKEN

Fan ta honom! En tjuv och rackare som stryker omkring på fester och marknader och björnhetsningar.

AUTOLYCUS

Just han! Det var den lymmeln som satte på mig den här stassen.

HERDEPOJKEN

Det finns inte en fegare skurk i hela Böhmen. Hade du bara stramat upp dig och spottat åt honom hade han lagt benen på ryggen.

AUTOLYCUS

Jag måste erkänna att jag inte är någon vidare slagskämpe. Där är jag inte mycket värd, det begrep han, det ger jag mig sjutton på.

HERDEPOJKEN

Hur känns det nu då?

AUTOLYCUS

Mycket bättre, jag kan både stå och gå. Jag ska strax ta farväl av dig och i sakta mak vandra iväg till min släkting.

HERDEPOJKEN

Ska jag följa dig en bit på väg?

AUTOLYCUS

Tack ska du ha, men det behövs inte alls.

HERDEPOJKEN

Ja, jag ska gå och köpa kryddor till fårklippningsfesten.

Går

AUTOLYCUS

Lycka till med det, min vän! Din ekonomi är inte stark nog för att köpa starka kryddor. Jag ska nog titta in vid fårklippningsfesten också. Om inte det här klippet leder till ett annat, och fårklipparna blir klippta får, så må jag bli struken ur rullorna, och mitt namn skrivas in i dygdemönstrens bok.

Sjunger

Så traska fram på stig och vång,
ta stättan med ett smil!
En glad man vandrar dagen lång,
den sorgsne knappt en mil.

Scen 4

Utanför en herdehydda. Florizel och Perdita kommer, på litet avstånd följda av herden, herdepojken, Polixenes och Camillo förklädda, Mopsa, Dorcas, tjänare, herdar och herdinnor.

FLORIZEL

Den nya dräkten ger dig nytt liv
från topp till tå. Herdinna? Nej, men Flora
på utkik i april! Fårklippningsfesten
är som en sammankomst av mindre gudar
med dig som drottning.

PERDITA

Jag vill inte klandra
min ädle prins för att han överdriver,
ursäkta att jag sa det! Men ni döljer

i bondedräkt er själv, vårt rikes stolthet,
och mig, en enkel flicka, styr ni ut
som en gudinna! Rådde inte här
ett stort ståhej vid varje bord, med gäster
som slukar allt som bjuds, så skulle jag
väl skämmas för att se er klädd så där
och svimma om jag såg mig själv i spegeln.

FLORIZEL

Den dagen var välsignad då min falk
flög över marken som din fader äger.

PERDITA

Må Jupiter ge framgång! Jag är rädd för
den stora skillnaden i rang. Ni själv
är inte van vid rädsla, jag blir ängslig
när tanken slår mig att er far av slump
kan komma här förbi. Oh vilket öde!
Vad gör han för en min när han får se
sitt praktverk i så uselt band? Vad säger han?
Och jag i lånad stass, hur ska jag möta
hans barska blick?

FLORIZEL

Nu ska du bara tänka
på lust och nöje. Själva gudarna
har böjt sig under kärleken och klätt sig
i djurgestalter. Jupiter blev tjur
och bölade. Neptunus blev en bagge,
han bräkte, och den gyllene Apollo,
en gud i eld, han blev en enkel bonddräng
som jag är nu. De gjorde inte om sig
för någon som var vackrare än du,
och inte med en avsikt lika ärlig
som min, för hedern håller mitt begär i schack,
och troheten är inte mindre stark
än åtrån.

PERDITA

Ni kan inte hålla fast
vid föresatsen när den törnar samman

med kungens makt, så som det måste ske,
och då blir följden antingen att ni
ger upp ert motstånd, eller att jag själv
förlorar livet.

FLORIZEL

Perdita, min älskling,
låt inte dessa dystra tankar störa
vår glada fest! Din vill jag vara, flicka,
och inte fars, för jag kan inte vara
min egen, ingenting för någon, om
jag inte först är din, och det står fast
om också ödet säger nej. Var glad,
låt allt du ser omkring dig jaga bort
bekymren. Dina gäster kommer nu.
Se lycklig ut, som om det var i dag
vi firade vårt bröllop! Att det kommer
har vi ju svurit på.

PERDITA

Lyckans gudinna,
oh, hjälp oss du!

Den gamle herden, herdepojken, Mopsa, Dorcas m. fl. stiger fram, bland dem Polixenes och Camillo förklädda

FLORIZEL

Här har du dina gäster.
Sätt nu i gång och underhåll dem livligt,
så glädjen färgar våra kinder röda!

HERDEN

Nå, dotter! När min kära gumma levde,
var hon en dag som denna både kock,
passopp och munskänk, piga och värdinna.
Hon bjöd välkommen, tjänade envar,
fick sig en dans och sjöng en sång. Än var hon
vid bordets övre ände, än i mitten,
slog folk på axeln och blev röd i synen
av knog och det hon släckte törsten med.
Hon skålade med alla. Du är blyg
som om du vore gäst och inte vår värdinna.

Välkomna dessa obekanta vänner
så vi lär känna dem! Seså, låt bli
att rodna! Visa vem du är: värdinna
på detta gille, festens drottning!
Bjud in oss alla till din klippningsfest,
så att vår hjord kan trivas riktigt gott!

PERDITA *till Polixenes*

Välkommen, herre. Far vill jag ska vara
värdinna här. *Till Camillo*
Välkommen herre, Dorcas, ge mig
de blommorna! Ni, vördnadsvärda herrar,
får rosmarin och ruta. Hela vintern
behåller de sin form och doft. Vinrutan
betyder ånger, rosmarinen vänskap.
Välkomna till vår fest!

POLIXENES

Herdinna, skön du är! Och ger oss vinterblommor
som klär vår ålder.

PERDITA

Medan året åldras,
nu innan sommaren är död, och vintern,
den frusna, ännu inte fötts, är nejlikor
i granna färger bästa prydnaden.
Naturbastarder kallas de ibland.
Vi har dem inte i vår enkla täppa,
och jag vill inte skaffa skott av dem.

POLIXENES

Men varför inte det, min söta flicka?

PERDITA

För jag har hört att deras granna färger
är bara konst som söker tävla med
naturens verk.

POLIXENES

Må vara, men naturen
förbättras aldrig genom medel som
den inte själv har skapt, och över
den konst du, flicka, nämnde står en konst

som är natur. Du vet att vi förmäler
den vilda stammen med en ädel stickling,
så bark av simpel härkomst skjuter skott
av bättre ras. Ja, detta är en konst
som hjälper upp naturen eller kanske
förvandlar den. Men hela denna konst
är själv natur.

PERDITA

Ja, det är sant.

POLIXENES

Plantera alltså nejlikor till prydnad.
Säg inte att de är bastarder!

PERDITA

Jag tar inte
ett enda spadtag för en sådan blomma!
Nej, lika litet som jag sminkar mig
för att min vän ska tycka jag är vacker
och önska mig som mor till sina barn.
Här får ni blommor: stark lavendel, mynta, mejram,
ringblomman, hon som går till sängs med solen
och vaknar våt av tårar. Detta är
högsommarblomster, och dem ska man ge
åt medelålders män. Välkomna hit!

Hon delar ut blommorna

CAMILLO

Var jag ett får, då lät jag bli att beta,
jag skulle bara se mig mätt på dig.

PERDITA

Oj, oj, då skulle ni nog bli så mager
att vintervinden blåste tvärs igenom
er tunna kropp!

Till Florizel Och ni, min käre vän,
jag önskar att jag hade vårens blommor
för era unga år.

Till Mopsa m.fl. flickor Till dig, och dig.
Oskuldens blommor bär ni flickor ännu
på era jungfrugrenar. Oh Proserpina,

var är de blommor du förskräckt lät falla
då underjordens gud kom körande,
narcisserna som hinner före svalan
och tjusar vårens vindar; dunkla
violer, ännu skönare
än Junos ögonlock och Venus andedräkt;
den bleka primulan, hon dör som ogift
innan hon mött solgudens eld och kraft,
ett dystert öde för så många flickor.
Stolta aurikler, kejsarkronor, liljor
av alla slag, och iris framför allt,
jag saknar dem, jag ville binda kransar
att hölja vännen med.

FLORIZEL

Vad? Som ett lik.

PERDITA

Oh Nej!
Nej, som en blomstersäng för kärlig lek.
Begrava dig? I så fall levande
i mina armar! Ta nu era blommor.
Jag tror jag leker som jag såg dem göra
i pingstas i ett gyckelspel. Min dräkt
har visst förändrat mig.

FLORIZEL

Vad du än gör
blir det alltmer fullkomligt. Talar du,
då vill jag alltid lyssna. När du sjunger,
då vill jag du ska göra allt med sång,
köpa och sälja, bedja dina böner,
ge tiggaren din slant, ja, sköta allt!
Och när du dansar önskar jag du vore
en våg i havet, så att oupphörligt
du rörde dig i härlig böljegång.
Allt vad du gör är präglat av ditt väsen,
det kröner dina handlingar i dag,
ja, i varenda åtbörd är du drottning!

PERDITA

Oh Doricles, nu överdriver du
på tok för mycket, men du är så ung,
så fin, och det är det som lyser fram
och visar att du är en ärlig herde.
Jag vore annars rädd för att du ville
bedra mig.

FLORIZEL

Du har lika litet orsak
att vara rädd för det, som jag har lust
att skrämma dig. Men kom och låt oss dansa!
Din hand, min Perdita. Två turturduvor
som aldrig tänker skiljas.

PERDITA

Nej minsann!

POLIXENES

Så vackert barn av folket sprang väl aldrig
på grönan äng! Allt vad hon gör och säger
har smak av något högre än hon själv.
Hon är för god för denna by.

CAMILLO

Han viskar något
som får henne att rodna. Hon är drottning
av mjölk och smultron.

HERDEPOJKEN

Nå, spel opp!

DORCAS

Mopsa får bli din dam. Ge henne vitlök
så smakar hennes kyssar bättre.

MOPSA

Fy på dig!

HERDEPOJKEN

Nej, var nu tyst. Vi ska uppföra oss som folk. Spel opp!

Musik. Herdar och herdinnor dansar

POLIXENES

Vad är det för en vacker yngling

som dansar med din dotter, käre herde?

HERDEN

Han kallas Doricles, och han lär ha
rätt stora betesmarker. Ja, jag hörde det
av honom själv och tror det gärna,
för han ser ut som ärligheten själv.
Han säger att han har min dotter kär,
det tror jag också. Aldrig stirrar månen
så djupt i sjön som han kan stå och läsa
i hennes ögon. Vem är mest förälskad?
Ja, skillnaden är knappt en halv kyss ens!

POLIXENES

Hon dansar vackert.

HERDEN

Ja, som allt hon gör,
ifall jag själv får säga det. Om Doricles
får henne, ger hon honom mer än han
har kunnat drömma om.

En tjänare kommer

TJÄNAREN

Herre! Om ni bara hörde gårdfarihandlaren vid dörren skulle ni aldrig mer dansa efter trumma och pipa, nej, inte ens säckpipan skulle få igång er! Han sjunger en massa melodier fortare än ni kan räkna pengar; de rinner ur mun på honom som om han hade slukat ballader, och allas öron hänger fast vid hans visor.

HERDEPOJKEN

Han kunde inte komma lägligare: han ska in! Särskilt om det är en sorglig visa på en skojig melodi, eller också en rolig historia som låter som en klagovisa.

TJÄNAREN

Han har sånger för både karlar och fruntimmer i alla storlekar; ingen modehandlare kan ha så mycket handskar att erbjuda sina kunder. Han har de trevligaste kärleksvisor för flickor, inte alls oanständiga, och det är minsann ovanligt med såna nätta omkväden om det där, ni vet, och det där: putta på'na och hoppa på'na. Och om nån slyngel skulle bli närgången och ful i mun låter han flickan svara: »Gosse, gå väck! Var inte så fräck!« Ja, då blir han avspisad och bort-körd med »Gosse, gå väck!«

POLIXENES

En duktig karl, det där!

HERDEPOJKEN

Han är faktiskt väldigt kvick. Har han några nya varor?

TJÄNAREN

Han har band i alla regnbågens färger, spetsar och spetsfundigheter, fler än alla advokater i Böhmen kan klara, hur lärda de än är, och om de så kom i dussinvis. Han har linnebårder, strumpeband, batist och fint linne, och han sjunger om alltihop som om det var gudar och gudinnor. Man skulle kunna tro att en klänning var en gudinna, så som han besjunger ärmkråset och isättningen på bröstet.

HERDEPOJKEN

Hämta hit honom är du snäll, och se till att han kommer sjungande!

PERDITA

Men säg till honom att det inte får vara några fula ord i hans visor.

Tjänaren går ut

HERDEPOJKEN

Det finns en del gårdfarihandlare som har mer att komma med än du kan föreställa dig, kära syster.

PERDITA

Eller vill föreställa mig, käre bror!

Autolycus kommer sjungande

AUTOLYCUS

Linne, vitt som nysnö är,
krusflor svart som kråkefjär,
handskar med en doft av ros,
mask för ögon, kind och nos,

halsband, bärnstensring så rar,
fin parfym för budoar,
snörliv, hatt med gyllne spänne,
gosse, köp och ge åt henne!
Nålbrev, krustång, ta och pröva
allt vad flickor kan behöva.
Kom och köp nu, inte vänta,
annars gråter nog din jänta!
Kom och köp!

HERDEPOJKEN

Om jag inte var kär i Mopsa, skulle du inte få ett öre av mig, men eftersom jag är så fast för henne blir jag väl också fast för några band och handskar.

MOPSA

Du lovade mig dem i god tid till den här festen, men de kommer inte för sent nu heller.

DORCAS

Han har visst lovat dig mer än så, om inte folk ljuger.

MOPSA

Och dig har han gett allt vad han lovade dig; ja, kanske något mer som du skäms för att ge tillbaka.

HERDEPOJKEN

Har flickor ingen skam i kroppen nu för tiden? Ska de ha underkjolarna där de borde ha ansiktet? Kan ni inte sladdra om era hemligheter när ni mjölkar eller går till sängs eller tänder under grytan? Ska ni tvunget göra det här bland alla våra gäster? Det är ju för väl att de bara viskar. Håll nu mun på er, och inte ett ord mer!

MOPSA

Ja, jag har inget mer att säga. Hör du, du lovade mig en kulört halsduk och ett par parfymerade handskar!

HERDEPOJKEN

Har jag inte talat om för dig att jag blev bestulen på vägen och förlorade alla mina pengar?

AUTOLYCUS
Jojo, här finns gott om skojare, så det är bäst att vara försiktig.

HERDEPOJKEN
Var inte rädd, här kan du inte förlora något.

AUTOLYCUS
Nej, det får jag verkligen hoppas, för jag har en hel del värdefulla saker.

HERDEPOJKEN
Vad har du där för något? Visor?

MOPSA
Snälla du, köp några stycken! Jag tycker så hemskt mycket om tryckta visor, för de är sanna, det kan man vara säker på.

AUTOLYCUS
Här är en med en väldigt sorglig melodi, om hur en ockrares hustru födde tjugo penningpåsar på en gång, och hur hon bara ville äta ormhuvuden och skivade paddor.

MOPSA
Tror du det är sant?

AUTOLYCUS
Absolut, och inte mer än en månad gammalt.

DORCAS
Bevare mig väl för att bli gift med en ockrare!

AUTOLYCUS
Här står namnet på barnmorskan, madam Sladderton, och fem eller sex hederliga fruar som var närvarande. Varför skulle jag fara med lögn?

MOPSA
Köp den är du snäll!

HERDEPOJKEN
Lägg undan den då, och låt oss titta på flera visor. Det andra ska vi köpa strax.

AUTOLYCUS
Här är en visa om en fisk som dök upp vid kusten den åttionde april, fyrtiotusen famnar över vattnet, och

sjöng en visa för att beveka hårda flickhjärtan. Man trodde att det var en kvinna som hade förvandlats till en kallblodig fisk för att hon inte ville ha intimt med en som älskade henne. Det är en mycket sorglig visa, och alldeles sann.

DORCAS

Tror du det själv?

AUTOLYCUS

Det har vi fem domares ord på, och fler vittnen än mitt knyte kan rymma.

HERDEPOJKEN

Lägg den också åt sidan, och låt oss se en annan.

AUTOLYCUS

Här är en rolig visa men mycket anständig.

MOPSA

Låt oss få några roliga också!

AUTOLYCUS

Ja, den här är riktigt lustig, och den går på melodin »Två töser friade till samma karl«. Det finns knappt en flicka västerut som inte kan sjunga den. Ja, jag vill lova att den är på modet!

MOPSA

Vi två kan sjunga den. Vill du sjunga en stämma ska du få höra. Den är för tre stämmor.

DORCAS

Vi lärde oss melodin för en månad sedan.

AUTOLYCUS

Ja, jag kan min stämma, det hör till yrket, ska ni veta. Då sätter vi igång.

Sång

AUTOLYCUS

Långt, långt, långt bort jag mig beger.
Vart? Det angår inte er!

DORCAS

Vart?

MOPSA

Varthän?

DORCAS

Varthän?

MOPSA

Du svor mig en trohetsed,
så du måste ta mig med!

DORCAS

Jag vill se vad du har för dig!

MOPSA

I en lada, på en krog,
vad du gör, det vet vi nog!

AUTOLYCUS

Nej, nej!

DORCAS

Hur sa?

AUTOLYCUS

Nej, nej.

DORCAS

Löften har jag fått av dig.

MOPSA

Ännu mer du lovat mig!
Säg, vart går du?
Vilken väg...

HERDEPOJKEN

Den här visan ska vi sjunga till slut när vi kommer för oss själva. Far och herrarna där borta talar visst om någonting allvarligt och vi ska inte störa dem. Kom och ta med dig din påse! Hör ni flickor, jag ska köpa något åt er bägge två. Låt oss få välja först, du krämare! Följ med mig, flickor.

Han går med Dorcas och Mopsa

AUTOLYCUS

Nog ska du få betala bra, alltid!

Sjunger

Se, ett flor till din hatt
och ett band, lilla skatt,
och en klänning med spetsar så rara.
Köp en sidenrosett

och en blommig sjalett!
Ja, här finner du förstklassig vara.
Så kom hit och slå till!
Du kan få vad du vill
om din fästman har pengarna klara.

Han går

En tjänare kommer

TJÄNAREN

Herre, här är tre körkarlar, tre fåraherdar, tre koherdar och tre svinaherdar, och de har klätt ut sig i djurhudar allihop. De kallas sig satyrer och utför en dans som flickorna säger är ett virrvarr av alla möjliga krumsprång, bara för att de själva inte får vara med. Men karlarna menar att dansen kommer att göra lycka, även om den är litet väl våldsam för folk som bara rör sig på kägelbanan.

HERDEN

Nej, väck med er. Här har varit alldeles för mycket trams. Ursäkta, jag vet att vi tröttar ut herrarna.

POLIXENES

Ni sårar dem som vill underhålla oss. Låt oss för all del få se de där fyra gånger tre herdarna!

TJÄNAREN

Tre av dem påstår att de har dansat för kungen, och ingen av dem hoppar mindre än tolv och en halv fot.

HERDEN

Sluta prata nu och släpp in dem eftersom herrarna vill det. Men låt det gå kvickt!

TJÄNAREN

De står i porten, herrn.

Dans av tolv satyrer

POLIXENES

Du ska få veta mera sedan, gamle far.

Till Camillo

Det går för långt. De måste skiljas åt.
Han är naiv och pratar alltför mycket.

Till Florizel

Du, unge herde, har visst hjärtat fullt
av något annat än er klippningsfest.
När jag var ung och kärlekskrank som du,
då hängde jag min flicka full med pynt.
Jag ville plundra krämarns hela lager
och breda sidentyg för hennes fötter.
Du låter honom gå och köper inget!
Tänk om din flicka nu blir stött och tror
att det är snålhet eller brist på kärlek,
då blir du svarslös, ja, i varje fall om
du vill hon ska bli lycklig.

FLORIZEL

Nej, sånt strunt
bryr hon sig inte om, det vet jag väl.
De gåvor som hon väntar sig av mig
göms i mitt hjärta som jag skänkt åt henne
fast ännu inte överlämnat.
Till Perdita Hör nu!
Inför den gamle herren här, som säkert
har älskat någon gång, ger jag dig löftet
för hela livet, och jag tar din hand
så vit och mjuk som svandun, och så vit
som etiopierns tänder eller nysnö
två gånger siktad genom nordanvinden.

POLIXENES

Vad mera? Åh, så vackert ynglingen
tycks tvätta handen som var ren förut!
Nå, men jag avbröt dig. Så tala ut,
låt höra vad du lovar!

FLORIZEL

Var mitt vittne!

POLIXENES

Och mannen här?

FLORIZEL

Ja, han, och många fler,
var mänska, jorden, himlarna och alltet!
Vore jag än den störste bland monarker

eller den vackraste bland unga män
som nånsin dragit till sig kvinnors blickar,
och om jag hade större kraft och kunskap
än någon dödlig – utan hennes kärlek
vore jag ingenting. Jag skulle ge,
ja offra, helga allt åt henne eller
förstöra det!

POLIXENES

Det var ett vackert löfte.

CAMILLO

En äkta känsla.

HERDEN

Säger du detsamma,
min kära dotter?

PERDITA

Jag kan inte tala
så väl och inte heller mena bättre.
Av vad jag känner sluter jag mig till
hans rena kärlek.

HERDEN

Ta varann i hand!
Ni, våra nya vänner, var nu vittnen.
Jag ger honom min dotter. Hennes hemgift
blir lika stor som hans.

FLORIZEL

Nej, hennes dygd
är hemgift nog. Och när en viss person
har dött, då får jag mer än ni har drömt om,
då lär ni häpna. Nå, trolova oss
nu inför dessa vittnen!

HERDEN

Räck mig handen,
du också, flicka!

POLIXENES

Vänta, unge man!
Har du en far?

FLORIZEL

Ja visst. Hur så?

POLIXENES

Säg, vet han detta?

FLORIZEL

Nej, han får inte heller veta det.

POLIXENES

Jag tycker att en fader är den gäst
som pryder bäst vid sonens bröllopsbord.
Ursäkta att jag frågar, men din far
är kanske inte mer i stånd till
förnuftig handling? Är han slö av ålder
och slaganfall? Säg, kan han tala, höra,
skilja på folk och sköta sina sysslor?
Går han i barndom? Ligger han till sängs?

FLORIZEL

Nej käre herre, han är frisk och stark,
mer än de flesta herrar i hans ålder.

POLIXENES

Åh, jaså! Vid mitt vita skägg,
i så fall är du inte någon god son!
Visst är det riktigt att en son får välja
sin hustru själv, men lika riktigt är det
att fadern, som har satt sitt hopp till barnbarn,
får ge ett råd.

FLORIZEL

Det medges, stränge herre,
men av ett skäl ni inte kan få veta
har jag förtigit detta för min far.

POLIXENES

Han bör få veta det!

FLORIZEL

Nej.

POLIXENES

Men jag ber dig...

FLORIZEL

Nej, nej.

HERDEN

Jo, son! Ditt val kan inte
bedröva honom.

FLORIZEL

Han får inget veta.
Var vittne till förlovningen!

POLIXENES

Nej, vittne
till att ni måste skiljas, unge man!
Han demaskerar sig
Son kan jag inte kalla dig, för du
är inte värd det. Spirans arvinge
vill ha en herdestav!
Till herden Du, gamle skurk,
tyvärr förkortar jag ditt liv med bara
en vecka när jag låter hänga dig.
Och du, min fina häxa, visste säkert
vad för en narr till prins du fått på kroken!

HERDEN

Mitt hjärta, åh!

POLIXENES

Din vackra rygg ska piskas
tills den blir ful och passar för en piga!
Och du, din dumbom, om jag hör dig sucka
att du ej mer får se din söta skatt,
och det lär aldrig ske, då blir du arvlös
och räknas inte mer i släkt med oss
än Noas ättlingar. Kom det ihåg!
Följ med till hovet nu. Du, lurk,
har visserligen väckt vårt stora misshag
men slipper ändå böta med ditt liv.
Du, lilla häxa, är väl värd en herde,
ja, om det inte varit för vår rang,
också värd honom som förnedrar sig
för dig, ifall du nånsin vågar lyfta
på dörrens klinka, så han kommer in,
eller du snärjer honom i ditt famntag,

då ska jag vålla dig en död så hård
som du är späd och mjuk!

Han går

PERDITA

Han tryckte ner mig. Ändå var jag inte
det minsta rädd. Ett par tre gånger
var jag på väg att säga rakt på sak:
den sol som lyser på hans fina slott
har aldrig dolt sin åsyn för vår hydda.
Den ser på båda.
Till Florizel Gå nu, är ni snäll.
Jag sa ju hur det hela skulle sluta.
Jag ber er tänka på er ställning.
Jag drömde...jag har vaknat och vill inte
gå här som drottning, inte en minut.
Nu ska jag mjölka mina får och gråta...

CAMILLO

Hur är det med dig, gamling? Tala ut
innan du dör!

HERDEN

Nej, jag kan varken tala eller tänka
och vågar inte veta vad jag vet.
Ack, nådig herre, nu har ni förkrossat
en man på åttiotre som tänkte nå
sin grav i frid, ja, dö i samma säng som
hans fader dog i, och få ligga nära
hans hederliga ben, men nu
ska bödeln svepa mig och lägga mig
där ingen präst ger mig tre skovlar mull.
Din slyna! Han är prins, det visste du,
och ändå gav du dig i lag med honom!
Allt är förbi. Ifall jag finge dö
i dag, då vore det i rätta stunden.

Han går

FLORIZEL

Säg, varför ser ni på mig så?
Jag är bedrövad, inte skrämd. Försenad,

men ej förändrad. Vad jag var, det är jag.
Ju mer man drar mig bakåt, desto mer
strävar jag framåt. Utan tvång jag går i
kärlekens ledband.

CAMILLO

Käre prins, ni känner
er fars humör. Just nu är det omöjligt
att träffa honom, som ni väl förstår.
Än tål han knappt er åsyn, är jag rädd,
så vänta tills hans nåd har lugnat sig.

FLORIZEL

Ja visst, det är min avsikt.
Ni är Camillo, inte sant?

CAMILLO

Det stämmer.

PERDITA

Åh, detta har jag förutsagt så ofta!
Min lycka skulle vara blott så länge
som ingen kände till den.

FLORIZEL

Nej, den lever,
om inte jag blir trolös. Om det sker,
då må naturen pressa samman jorden
och krossa varje livsfrö. Fatta mod!
Far, du kan stryka mig som tronarvinge.
Jag ärver kärleken.

CAMILLO

Hör nu ett råd!

FLORIZEL

Ja, av passionen, och om mitt förnuft
vill lyda den, då är jag ju förnuftig.
Om icke, föredrar mitt hjärta vanvett
och hälsar det med fröjd!

CAMILLO

Så desperat!

FLORIZEL

Kanhända, men så håller jag mitt löfte,

det vill jag kalla hederligt. Camillo,
för hela Böhmens glans och härlighet,
för allt vad solen ser, vad jorden gömmer
långt nere i sitt sköte, och vad havet
i obekanta djup kan hålla dolt,
för allt i världen vill jag inte bryta
den ed jag svor min sköna älskade!
Nu ber jag er, min faders vän, som han
värderar mycket: när han saknar mig,
för jag vill aldrig träffa honom mer,
försök att mildra då med goda ord
hans grämelse. Själv tar jag nappatag
med ödet om min framtid. Ni ska veta
och hälsa honom att jag går till sjöss
med henne som jag inte får rå om
på land. Och lyckligtvis har jag ett skepp
här nära, fast bestämt för annat bruk.
Vart jag styr kursen bör ni inte veta,
och jag kan inte tala om det.

CAMILLO

Ack,
om ändå ni var lättare att råda
eller så stark som nöden kräver av er!

FLORIZEL

Kom, Perdita!

Drar henne åt sidan

Till Camillo Jag lyssnar strax på er.

CAMILLO *för sig själv*

Han är orubblig i sin föresats.
Jag kanske kan dra nytta av det, både
skydda och tjäna honom, och få se
mitt älskade Sicilien igen,
och konungen, min stackars herre som
jag längtar efter att få träffa snart.

FLORIZEL

Camillo, käre vän, jag är så uppfylld
av mitt bekymmer att jag glömmer bort
all hövlighet.

CAMILLO

Min prins, ni har nog hört
om de små tjänster som jag gjort er far
av vänskap?

FLORIZEL

Ja, visst har ni tjänat trofast,
och lovtal över er är som musik
för far. Hur han ska kunna löna er
är något som han grubblat över.

CAMILLO

Ja, ers nåd,
om ni täcks tro att jag har kungen kär
liksom hans närmaste, ers höghet själv,
så följ mitt råd, om nu er viktiga,
bestämda plan kan tåla någon ändring.
Tro mig, jag vet en plats där ni kan finna
en tillflyktsort som passar för er rang.
Där kan ni få er älskade, jag ser ju
att ingenting kan skilja er från henne
förutom döden, vilket Gud förbjude!
Gift er med henne, och med hjälp av mig,
då ni är borta, kan ni söka mildra
er faders harm och få hans bifall.

FLORIZEL

Hur
ska detta ske? Det låter som ett under.
Då kallar jag dig mer än människa
och litar på dig.

CAMILLO

Säg, vart vill ni resa?

FLORIZEL

Det vet jag ännu inte.
Vad ingen förutsett har tvingat oss
att handla huvudstupa. Vi blir slavar
åt slumpen, vi blir flugor i en storm.

CAMILLO

Hör på mig! Om ni håller fast er plan

och tänker fly, res till Sicilien
och presentera er och er prinsessa,
det vet jag att hon blir, för kung Leontes.
Hon tar emot så som det passar för
er hustru. Ja, Leontes öppnar famnen,
i tårar ber han er: »Förlåt, min son!«
som om ni vore fadern, och han kysser
er unga makas hand. Han talar om
hur grym han varit, och hur mild han blivit.
Sin grymhet önskar han åt helvete,
men snabbt som tid och tanke må hans mildhet
ta till, så säger han.

FLORIZEL

Gode Camillo,
vad ska jag hitta på som förevändning
för mitt besök?

CAMILLO

Er far har sänt er, säg det,
med hälsningar från vän till vän. Och hur
ni ska bete er när ni är tillsammans,
vad ni ska säga på er faders vägnar
vad inga andra vet, det skriver jag,
så får ni klart besked för varje möte.
Leontes tror ni är förtrogen med
er far, att orden kommer från hans hjärta.

FLORIZEL

Jag tackar er. Det ligger något i det.

CAMILLO

En kurs mer lovande än vild seglats
på väglöst hav, mot kust som ingen drömt om,
mot stort elände utan hopp om hjälp
på hav där faror följer slag i slag.
Blott ankaret ger trygghet, och det tjänar
er bäst när ni blir bunden vid en strand
ni inte kan fördra. Dessutom vet ni
att medgång håller kärleken vid liv,
men motgång vållar att dess friska hy
och hjärta bleknar.

PERDITA

Inte riktigt sant,
för nog kan motgång göra kinden blek
utan att själen kuvas.

CAMILLO

Tror ni det?
På många år lär hennes like inte
bli född i fadershuset.

FLORIZEL

Nej, Camillo,
i hjärtats bildning står hon lika högt
som hon står lågt i börd. Jag saknar inte
den lärdom som hon inte har. I visdom
är hon förmer än någon lärare.

PERDITA

Förlåt, jag rodnar, det får bli mitt tack.

FLORIZEL

Min söta Perdita!
Vi står på nålar här! Camillo,
min fars och nu min egen räddare
och husets läkare, hur ska vi göra?
Jag är ju inte klädd så som det anstår
en prins av Böhmen. På Sicilien
kan jag väl inte visa mig så här.

CAMILLO

Ta det med ro. Ni vet att allt jag äger
finns där, och jag ska sörja för att ni
blir furstligt klädd, som om det hade gällt
mig själv. Ni ska nog inte sakna något.
Hör på...

De går åt sidan och samtalar

Autolycus kommer

AUTOLYCUS

Ha ha ha, vilken dumbom ärligheten är! Och förtroendet sen, hans fina vän och bror, en sån idiot! Här har jag sålt hela rasket. Det finns inte en oäkta juvel, inte ett band, en spegel, luktpåse, brosch, skrivbok, ballad, kniv, rem, handske, skoband, armband eller ring av horn kvar som bottenskyla i min säck. De slogs om att komma först och köpa, som om allt det här skräpet hade blivit helgat och kunde ge välsignelse åt köparen! På så sätt fick jag se vem som hade mest i börsen, och det la jag på minnet för mitt eget bästa. Den där pojkvalpen som inte behöver mycket till innan han blir riktigt förståndig, han blev så till sig av pigvisorna att han inte ville röra på påkarna förrän han kunde både orden och melodin. Han drog till sig alla de andra i skocken, och de blev idel öra. Man kunde ha gett en underkjol ett nyp, den hade inte känt av det. Att skära av en pung hade varit en smal sak, och jag kunde ha filat av nycklarna på deras kedjor. De varken märkte eller hörde något annat än pojkvaskerns sång, detta strunt som de beundrade. När de var så där avtrubbade skar jag av och norpade de flesta av deras späckade börsar. Hade inte gubben kommit sättande och börjat skälla som en bandhund på dottern och kungasonen, och på det viset skrämt bort kajorna från kakan, så hade det inte funnits en endaste pung kvar i hela armén.

Camillo, Florizel och Perdita kommer

CAMILLO
Mitt brev som kommer fram på samma gång
som ni, bör skingra varje tvivel.

FLORIZEL
Och det ni skaffar mig från kung Leontes?

CAMILLO
Det gör er far tillfreds.

PERDITA
Ni är en ängel!

CAMILLO *får syn på Autolycus*
Vad är det där för en? Han kan bli nyttig.
Allt som kan gagna oss ska vi dra fördel av.

AUTOLYCUS *för sig själv*
Ifall de hörde vad jag sa blev det galgen direkt.

CAMILLO

Hur är det fatt? Varför darrar du så där? Var inte rädd,
här finns ingen som vill dig illa!

AUTOLYCUS

Jag är en fattig stackare.

CAMILLO

Fortsätt med det, du! Här finns ingen som vill stjäla fattigdomen från dig. Men utsidan av din fattigdom får vi nog ändra litet på. Klä av dig kvickt, det är nödvändigt ska du veta, och byt kläder med herrn här! Fast det blir han som förlorar på bytet, ska du få litet ersättning.

Ger honom pengar

AUTOLYCUS

Jag är en fattig stackare, herre.

För sig själv

Jag känner er nog!

CAMILLO

Raska på nu! Herrn är ju redan halvnaken.

AUTOLYCUS

Menar ni verkligen allvar?

För sig själv Jag förstår nog vart ni vill komma!

FLORIZEL

Skynda dig nu!

AUTOLYCUS

Jag har visserligen fått betalt i förskott, men jag kan nog inte ta emot det. Mitt samvete...

CAMILLO

Knäpp upp, knäpp upp!

Florizel och Autolycus byter kläder

Välsignade prinsessa, ja, jag hoppas
att ni ska bli det snart, dra er tillbaka!
Ta prinsens hatt, tryck ner den djupt i pannan
och dölj ert ansikte. Byt kappa och
försök att ändra på er yttre skepnad,
så att ni obemärkt kan gå ombord.
Man spionerar på er, är jag rädd.

PERDITA

Jag märker att jag måste spela med
i pjäsen.

CAMILLO

Det är tvunget. Ni där borta,
säg, är ni klara?

FLORIZEL

Om jag möter far nu,
skulle han inte kalla mig sin son.

CAMILLO

Nej, ni ska inte ha nån hatt. Kom, fröken.
Ger Perdita hatten
Till Autolycus Adjö, min gubbe.

AUTOLYCUS

Adjö, herrn.

FLORIZEL

Men Perdita, jag tror vi glömde något.
Kom får jag tala med dig.
De drar sig åt sidan

CAMILLO

Jag måste genast underrätta kungen
om deras flykt och vart de är på väg.
Så hoppas jag att han ska följa efter,
och jag får återse Sicilien.
Jag längtar som en kvinna till det landet.

FLORIZEL

Jag hoppas vi får tur! Camillo, kom nu,
vi går till hamnen.

CAMILLO

Ja, ju förr dess bättre.
Florizel, Perdita och Camillo går

AUTOLYCUS

Jag förstår nog vad det är fråga om, jag kan ju höra! Öppna öron och skarpa ögon och snabb hand måste en ficktjuv ha. Och en god näsa är inte heller så dumt när man ska snoka rätt på arbete år de andra sinnena. Det är härliga tiden för skojare. Även utan den extra slanten hade det varit ett fint byte, och även utan bytet hade det varit en rejäl slant. I år låter visst gudarna oss hållas, och vi kan göra vad som helst utan att planera så noga. Prinsen själv har visst något skumt för sig, att smita i väg från far sin så där, med en black om foten! Om jag tyckte det var rätt och riktigt att låta kungen få reda på det, skulle jag inte berätta det för honom. Men det är ett större skurkstreck att tiga med saken, och på så sätt håller jag ju fast vid min profession.

Herdepojken och herden kommer

Se där, nu måste jag gömma mig. Här är mer att hämta för en klyftig karl. Varje gathörn, salubod, kyrka, rättegång och hängning ger en arbetsam människa något att göra.

HERDEPOJKEN

Se nu så du har ställt till det! Nu finns det inget annat att göra än att tala om för kungen att hon är en bortbyting och inte alls ditt kött och blod.

HERDEN

Nej, hör på mig!

HERDEPOJKEN

Nej, hör på mig!

HERDEN

Nå, säg vad du vill då!

HERDEPOJKEN

Eftersom hon inte är ditt kött och blod, så har ditt kött och blod inte förnärmat kungen, och därför kan han inte heller straffa ditt kött och blod. Visa upp de där sakerna som låg bredvid flickungen när du fann henne, allt det där som har hållits undangömt, allt utom det som hon har på sig. När det väl är gjort kan lagen hälsa hem, det garanterar jag.

HERDEN

Jag ska tala om alltsammans för kungen, vartenda ord, och vad hans son har för sig också. Han lurar ju både sin far och mig när han vill göra mig till kungens svåger på det här sättet.

HERDEPOJKEN
Ja, svåger var det minsta du kunde ha blivit med honom, och då hade ditt blod blivit dyrare, jag vet inte hur mycket per droppe.

AUTOLYCUS
Jo, det är just snyggt, era rackare!

HERDEN
Ja, låt oss genast gå till kungen. I det här knytet finns något som ska få honom att klia sig i skägget.

AUTOLYCUS *för sig själv*
Inte vet jag vilket trassel det här klagomålet kan ställa till med för herr Florizels flykt.

HERDEPOJKEN
Måtte han nu vara i sitt slott!

AUTOLYCUS
Fast jag inte är hederlig av naturen, så är jag det ibland av ren slump. Bäst jag stoppar undan mitt knalleskägg.

Tar av sig lösskägget

Hallå lantisar! Vart ska ni ta vägen?

HERDEN
Till slottet, med ers nåds tillåtelse.

AUTOLYCUS
Och vad ska ni göra där? Vad ska ni ha för er, vem ska ni träffa, vad har ni i knytet, var bor ni, vad heter ni, hur gamla är ni, hur mycket äger ni, vad har ni för uppfostran? Säg mig allt som finns att veta om er! Nå, ut med språket!

HERDEPOJKEN
Vi är rätt och slätt vanliga människor.

AUTOLYCUS
Det var lögn! Ni är inte släta utan sträva och lurviga. Jag vill inte veta av några lögner, sådant passar bara för köpmän. De trakterar oss militärer med lögner, men vi betalar dem med präglat mynt och inte med stöt av stål, så det kan väl knappast kallas för traktering.

HERDEPOJKEN
Ers nåd var visst nära att traktera oss med en lögn, men ni ändrade er i sista stund.

HERDEN
Är ni från hovet, om man törs fråga?

AUTOLYCUS
Antingen man törs eller ej, så är jag hovman. Ser du inte att det finns något av hov i min dräkt? Rör jag mig inte med en hovlik värdighet? Känner inte din näsa en doft från den fina världen? Lyser inte mitt hovliga förakt ner på din ringhet? Tror du kanske att jag inte är någon hovman därför att jag luskar ur dig vad du har för dig? Jag är hovman från topp till tå, och jag kan antingen hjälpa eller stjälpa dig, så jag befaller dig att tala om vad du har för ärende!

HERDEN
Jag har ärende till kungen.

AUTOLYCUS
Vad har du för advokat hos honom?

HERDEN
Ursäkta, men det vet jag inte.

HERDEPOJKEN
Advokat, det kallar man vid hovet en fasan, som man överlämnar för att lättare få hjälp. Säg att du inte har någon!

HERDEN
Jag har inte någon fasan, varken tupp eller höna.

AUTOLYCUS
Hur gott att inte vara simpelt född!
Naturen kunde dock ha skapt mig sådan,
och därför ska jag ej förakta honom.

HERDEPOJKEN
Han är säkert en stor hovman.

HERDEN
Han har ju fina kläder, men han bär dem lite konstigt.

HERDEPOJKEN

Han verkar extra fin därför att han bär sig så konstigt åt. Jag kan svära på att han är en förnäm herre, det ser jag på hans sätt att peta tänderna.

AUTOLYCUS

Vad är det där för ett bylte? Vad finns det i det? Och vad ska du med lådan till?

HERDEN

I knytet och lådan finns saker som är så hemliga att ingen utom kungen får veta det. Han ska få reda på hemligheten inom en timme, om jag bara får tillfälle att tala med honom.

AUTOLYCUS

Du besvärar dig förgäves, gubbe.

HERDEN

Vad menar ni?

AUTOLYCUS

Kungen är inte på slottet nu. Han har gått ombord på ett nytt fartyg för att vädra ut sin melankoli och få en nypa frisk luft. Om du kan fatta allvarliga ting, bör du veta att kungen har stora bekymmer.

HERDEN

Ja, det sägs att han är bekymrad för sin son som lär ha gift sig med en fåraherdes dotter.

AUTOLYCUS

Om den herden inte redan sitter i finkan borde han rymma sin kos. De förbannelser som kommer att drabba honom och den tortyr han blir utsatt för kan krossa ryggen på en människa och hjärtat i ett vidunder.

HERDEPOJKEN

Tror herrn verkligen det?

AUTOLYCUS

Han får lida allt vad förståndet gör svårt att uthärda och hämnden gör bittert, ja, inte bara han utan också alla hans släktingar intill femtionde led kommer att råka ut för bödeln. Det är grymt men nödvändigt.

En gammal skurk till fåraherde, en som vaktar gumsar, att låta sin dotter komma upp sig så där! Några säger att han ska bli stenad, men jag säger att det är en alldeles för lätt död. Att släpa in vår kungatron i en fårakätte! Det finns för få dödssätt, och till och med de svåraste är för lindriga.

HERDEPOJKEN

Jag undrar om gubben har en son, har ni kanske hört talas om det?

AUTOLYCUS

Ja, en son har han, och den ska bli flådd levande och insmord med honung och placerad ovanpå ett getingbo. Där ska han få stå tills han är tre fjärdedels död och litet till. Sedan ska man hålla liv i honom med brännvin eller andra starka droppar, och den varmaste dagen i almanackan ska han, hudlös som han är, ställas mot en tegelmur där södersolen gassar på honom tills han blir uppäten av flugor. Men varför pratar vi om de skurkarna och förrädarna? Deras plågor kan man bara skratta åt, eftersom de har begått oförlåtliga brott. Säg mig, för ni verkar ju vara hederligt och rejält folk, vad har ni för ärende hos kungen? För en liten hacka skulle jag kunna föra er ombord till honom och lägga ett ord för er. Om det finns någon utom kungen själv som kan uppfylla era önskningar så ser ni den mannen här.

HERDEPOJKEN

Han tycks ha en hel del att säga till om. Håll dig i närheten av honom och ge honom pengar! Även om myndigheten är en envis björn, kan man ofta leda den dit man vill med pengar. Töm din pung i handen på honom så ordnar det sig. Kom ihåg »stenas« och »flås levande«!

HERDEN

Om ni vill vara så älskvärd och hjälpa oss med vårt ärende, så får ni här det guld jag har på mig. Sedan ska jag ge er lika mycket till, och jag lämnar den här gossen som pant tills ni har fått det.

AUTOLYCUS
När jag har gjort vad jag har lovat er?

HERDEN
Ja just det.

AUTOLYCUS
Vi säger väl det då. Ge mig hälften.
Till herdepojken
Har du någon del i den här affären?

HERDEPOJKEN
Ja, på sätt och vis. Men fast mitt skinn är i fara, hoppas jag att de inte flår av mig det.

AUTOLYCUS
Nej, det gäller bara den där fåraherdens son. Han ska hängas, för där ska statueras ett exempel!

HERDEPOJKEN
Just en snygg tröst! Vi måste iväg till kungen och visa honom våra märkvärdigheter. Han måste få reda på att hon varken är din dotter eller min syster, annars är det ute med oss.
Till Autolycus
När saken är klar ska jag ge herrn lika mycket som herrn får av farsgubben. Och som sagt var stannar jag som gisslan tills ni har fått allt.

AUTOLYCUS
Jag litar på er. Gå i förväg till stranden och håll er till höger. Jag ska bara gå bakom busken där, sen kommer jag strax efter.

HERDEPOJKEN
En sån tur vi har med den här herrn, ja, faktiskt en riktig svintur!

HERDEN
Kom, vi går i förväg som han sa. Han är visst förutbestämd att hjälpa oss.
Båda går

AUTOLYCUS

Även om jag ville vara hederlig så märker jag att lyckans gudinna inte tillåter det. Hon stoppar ju byten i munnen på mig! Nu blir jag trakterad med ett dubbelt tillfälle: jag tjänar pengar och gör min herre prins Florizel en tjänst. Vem vet vad jag kan få ut av det? De här fårskallarna, de här blindbockarna, ska jag föra ombord till honom. Kanske han väljer att sätta dem i land igen och menar att deras ärende till kungen inte angår honom. I så fall får han gärna kalla mig skojare för att jag är så tjänstvillig. Den titeln är jag van vid liksom allt obehag som hör ihop med den. Jag ska föreställa dem för honom, kanske det kan leda till något!

AKT V

Scen 1

Leontes, Cleomenes, Dion, Paulina och tjänare

CLEOMENES

Ni har gjort nog, min kung. Ni ångrar er
på helgonvis, och vad ni än begått
är synden sonad med en större bot
än brottet kräver. Gör då äntligen
vad Gud i himlen gjort för länge sedan:
Glöm bort er onda gärning och förlåt
som han, er själv!

LEONTES

Ack, när jag tänker
på hennes godhet, ångrar jag min synd
mot henne, och den stora orätt
som jag begått emot mig själv står också
inför mig, att jag låtit riket sakna
en tronarvinge. Och förlorad är
den bästa livskamrat som någonsin
en man har satt sitt hopp till.

PAULINA

Sant, alltför sant! Ifall ni gifte er
med alla kvinnor och från var och en
till kvinnoideal ni tog det bästa,
hon som ni dödat finge ej sin like.

LEONTES

Det stämmer. Dödat! Jag har dödat henne,
ja visst, men vad du sårar mig med orden!
Om de är bittra i din mun, så är de
betydligt bittrare i mina tankar.
Var snäll och säg det sällan!

CLEOMENES

Hellre aldrig!

Nog finns det tusen ting att säga nu
som passar bättre och kan vittna om
er godhet.

PAULINA

Ni är en av dem som vill
se honom gift igen.

DION

Vill inte ni det?
Då har ni ingen känsla för vår stat
och kunganamnet. Ni betänker inte
de faror som hans barnlöshet kan vålla
vårt land, till skada för ett hjälplöst folk.
Vad kan väl vara mera fromt än detta,
att glädjas åt vår drottnings ro i graven?
Och vad är bättre för vår monarki och makt,
dess välgång nu och under år som kommer,
än att hans höghets äkta bädd på nytt
välsignas med en älsklig brud?

PAULINA

Nej, ingen
är värdig, utom hon som har gått bort,
för har Apollo inte själv förkunnat,
och är det inte hans orakels mening
att kung Leontes ingen ättling får
förrän det barn han mist är återfunnet?
Och det är lika svårt att tänka sig
som att Antigonus står upp ur graven
och kommer till mig. Nej, han dog med barnet,
tro mig! Ni vill väl inte råda kungen
att trotsa gudarna och deras vilja?

Till Leontes

Var obekymrad, skaffa inte barn!
Er krona finner nog en kronprins.
När Alexander låg för döden gav han
sin krona åt den man som mest var värd den,
och så blev det den bäste.

LEONTES

Kära Paulina,
du ärar minnet av Hermione.
Ack om jag tagit dina råd på allvar!
I så fall skulle jag i dag ha sett
min drottnings klara ögon, och jag kunde
ha hämtat rikedom från hennes läppar.

PAULINA

Och gjort dem ännu rikare.

LEONTES

Så sant!
En sådan hustru får jag aldrig mer,
och därför, ingen fru! En mindre god,
som blir behandlad bättre, skulle tvinga
tillbaks till kroppen hennes helgonsjäl.
På denna scen där nu som syndare
vi står, hon skulle ropa full av ångest:
»Leontes, varför har du gjort mig detta?«

PAULINA

Hon gjorde det med rätta, om hon kunde.

LEONTES

Ja, och hon skulle egga mig att mörda
min andra fru.

PAULINA

Det skulle också jag.
Ifall jag var en vålnad, skulle jag
be er att iaktta den andras ögon,
den matta blicken, och förklara varför
ni valde henne. Sedan skulle jag
ge upp ett skrik så högt att ni blev döv
och mana er: »Glöm inte mina ögon!«

LEONTES

Åh, stjärnor, stjärnor! Alla andra ögon
är utbränt kol. Var inte ängslig för
en drottning till, Paulina. Jag vill inte
ha någon hustru.

PAULINA

Svär ni på att inte
gifta er utan att jag gett er lov?

LEONTES

Aldrig, Paulina! Vid min salighet!

PAULINA

Ni har bevittnat eden, mina herrar.

CLEOMENES

Ni prövar honom alltför hårt, Paulina.

PAULINA

Ifall han inte möter någon kvinna
som är en avbild av Hermione.

CLEOMENES

Men kära ni...

PAULINA

Jag har sagt mitt,
men om ni tvunget måste gifta om er,
jag säger måste, låt mig då få välja
en drottning åt er. Hon blir inte ung som
den första var, men sådan ska hon vara
att om er första drottning gick igen,
hon skulle glädjas åt att se den nya
i era armar.

LEONTES

Trofasta Paulina,
jag gifter mig först när du ger mig lov.

PAULINA

I så fall blir det när er första hustru
blir levande, och inte förr!

En hovman kommer

HOVMANNEN

En man som kallar sig prins Florizel,
son till Polixenes, med sin prinsessa,
en sällsynt skönhet, önskar företräde
hos eders höghet.

LEONTES

Vad? Han kommer inte

så som det anstår faderns höga rang.
En sådan plötslig ankomst vittnar knappt om
en resa som är förberedd och planlagd.
Det säger mig att han är nödd och tvungen.
Har han ett följe?

HOVMANNEN

Ja, ett litet enkelt.

LEONTES

Men hans prinsessa är ju också med?

HOVMANNEN

Ja, hon är makalös bland alla väsen
som solen lyst på.

PAULINA

O, Hermione!
Som var ny tid vill hävda sig emot
en bättre, gången tid, så måste du
som dött ge vika för den kommande!

Till hovmannen

Ni har ju sagt och skrivit, fast er skrift
har bleknat nu, liksom dess föremål:
»Hon äger ej sin like, får det aldrig.«
Då flödade er vers av hennes skönhet,
men nu tycks den ha sinat när ni säger
att ni har sett en skönare.

HOVMANNEN

Ursäkta,
den första hade jag så när glömt bort.
När ni får se den andra tror jag nog
att också ni får stora ord på tungan.
Hon är så... om hon grundade en sekt,
skulle all annan tro gå upp i rök,
och alla skulle sälla sig till henne
ifall hon sade: »Följ mig!«

PAULINA

Också kvinnor?

HOVMANNEN

Ja, kvinnor älskar henne för att hon

är värd långt mer än någon man, och männen
för att hon är den skönaste bland kvinnor.

LEONTES

Cleomenes, gå nu med dina vänner
och hämta gästerna.

Cleomenes m. fl. ut Nog är det konstigt
att han har överraskat oss!

PAULINA

Ifall vår prins,
juvelen ibland barn, nu varit med,
då skulle han och gästen passat samman.
Det var ju knappt en månad mellan dem.

LEONTES

Nej, tyst! Han liksom dör på nytt för mig
varenda gång som någon nämner honom.
När jag nu möter denne unge furste,
så kommer det du sagt att väcka minnen
som driver mig från vettet. Se, här är de!

Florizel, Perdita, Cleomenes m. fl. kommer

Min prins, er mor var trogen mot sin make.
Ett avtryck av er fader har hon lämnat
i era drag. Om jag var tjugoett,
jag skulle kalla er för bror, som förr
jag kallat honom. Ni är lik er far
i anletsdrag och sätt. Vi kunde pratat
om vilda upptåg i vår ungdomstid.
Så var välkommen hit! Och ni, prinsessa,
sköna gudinna! Ack, jag har förlorat
ett par som kunde stått här mellan himmel
och jord, som ni, ett föremål för dyrkan!

Till Florizel

Min egen dårskap gjorde att jag också
förlorade er käcke faders sällskap
och vänskap. Jag är plågad av elände,
men jag vill leva för att än en gång
få se honom.

FLORIZEL

På hans befallning kom jag
hit till Sicilien, och jag har med mig
alla de hälsningar en kung och vän
kan sända till sin broder. Om den svaghet
som följer åldern inte hade nedsatt
hans krafter, skulle han ha färdats över
det land och hav som skiljer era riken,
för att få träffa er. Han bad mig säga:
han håller av er mer än alla andra
som äger makt och riken här i världen.

LEONTES

Min broder, ädle herre! All den orätt
som jag har gjort dig, pinar mig på nytt,
och detta bud som du så vänligt sänder,
det förebrår mig för min egen tröghet.
Ni är välkomna hit, lika välkomna
som våren är för jorden. Har han också
utsatt den sköna här för havets barskhet,
ja, kanske hemska vrede, bara för
att hälsa på en man så föga värd
besväret, för att inte tala om
att hon riskerat livet?

FLORIZEL

Herre konung,
hon kommer ifrån Libyen.

LEONTES

Det land där
den tappre Smalus, krigarkonungen,
är fruktad och tillika älskad?

FLORIZEL

Ja,
ers majestät. Hans tårar visade
i avskedsstunden att hon är hans dotter.
En förlig sunnanvind har fört oss hit
att hälsa på ers nåd som far befallde.
De främsta i min svit har jag sänt hem

ifrån Sicilien för att i Böhmen
berätta om min tur i Libyen
och om att vi, jag och min hustru,
är välbehållna här.

LEONTES

Må gudarna
befria luften ifrån smitta nu
när ni är här! Ni har en nobel far
mot vars person jag har förbrutit mig
trots all hans godhet, och som straff för det
har himlen i sin vrede gjort mig barnlös.
Er far har däremot, som han förtjänat,
begåvats med en son som ni, min prins.
Vad hade jag ej varit om jag nu
för mina ögon haft en son och dotter
så älskliga som ni!

En hovman kommer

HOVMANNEN

Ers nåd,
det som jag har att säga är nog svårt
att tro, beviset finns dock mycket nära.
Kungen av Böhmen har sänt hit mig.
Han ber att ni ska ta hans son tillfånga,
för prinsen har åsidosatt sin plikt
och värdighet, och rymt ifrån sin far
och framtid, detta med en herdedotter!

LEONTES

Och kungen själv? Var är han?

HOVMANNEN

Här i staden.
Jag kommer just från honom. Om jag verkar
förvirrad är det för att denna nyhet
har gjort mig häpen. När han var på väg
hit till ert hov, han kanske jagade
vårt sköna par, då råkade han möta
den föregivna ädla damens far
och hennes bror, som båda lämnat Böhmen
med denne prins.

FLORIZEL

Camillo har förrått mig,
han som jag alltid kunnat lita på
i vått och torrt!

HOVMANNEN

Säg det till honom själv!
Han är med kungen.

LEONTES

Är Camillo?

HOVMANNEN

Ja.
Ja, jag har talt med honom. Han förhör
de båda karlarna. Jag har väl aldrig
sett några stackare som darrat så.
De faller ner på knä, de kysser marken
och svär med varje ord på det och detta,
men kungen gör sig döv och hotar dem
med hemska dödsstraff.

PERDITA

Stackars far!
Nu spionerar gudarna på oss.
Vårt äktenskap vill de förhindra.

LEONTES

Är ni gifta?

FLORIZEL

Nej, inte heller lär vi bli det.
Förr kysser stjärnorna väl jordens dalar,
och högt och lågt blir samma sak.

LEONTES

Min herre,
är denna dam en kungadotter?

FLORIZEL

Den dag hon blir min hustru är hon det.

LEONTES

»Den dagen« kommer sent, när nu er far
går fram så hastigt. Jag beklagar djupt,
ja, mycket djupt, att ni har brutit med

er far och glömt er skyldighet som son.
Nog är det synd att den ni valt till brud
är mindre hög i rang än hon är skön.
Hon kunde annars varit er med rätta.

FLORIZEL

Mod, käraste!
Om också ödet, tydligen vår ovän,
har jagat oss tillsammans med min far,
så rår det ingalunda på vår kärlek.
Min furste, tänk nu på den tid då ni
var ung som jag, och era känslor då,
och bli min talesman! På er begäran
kan far ge bort den dyraste klenod
som vore det en småsak.

LEONTES

Är det sant,
då vill jag ha er dyra hjärtanskära
som han betraktar som en småsak!

PAULINA

Herre,
ni är för ung i blicken! Knappt en månad
innan er maka dog, var hon förtjänt
långt mera av en sådan blick från er
än den person som ni betraktar nu.

LEONTES

Jag tänkte
med detta ögonkast på henne just.

Till Florizel

Men jag har inte svarat på er fråga.
Ja, jag ska tala med er far. Ifall
er önskan är förenlig med er heder,
har både den och ni en vän i mig.
Följ med mig nu och se vad jag kan göra.

De går

Scen 2

Framför palatset. Autolycus och en hovman kommer.

AUTOLYCUS

Får jag fråga, var ni närvarande då man berättade om det här?

HOVMANNEN

Jag var med när byltet öppnades, och jag hörde den gamle herden förklara hur han hade hittat det. När den första häpnaden hade lagt sig, fick vi alla order om att lämna rummet. Jag tror att det enda jag hörde var herdens berättelse om hur han fann barnet.

AUTOLYCUS

Jag skulle gärna vilja veta hur det gick sen.

HOVMANNEN

Jag kan inte berätta allt i sitt sammanhang, men jag märkte ju hur förbluffade kungen och Camillo var. De stirrade på varandra så att ögonen höll på att ramla ur huvudet på dem. Tystnaden var talande, gesterna var ett helt språk. De såg ut som om de hört berättas om en värld som just hade uppstått eller en som gått under. Den allra största häpnad syntes tydligt hos dem, men inte ens den mest uppmärksamme åskådare som bara visste vad han såg kunde säga om sinnesrörelsen betydde glädje eller sorg, bara att den var övermåttan stor.

En annan hovman kommer Här kommer en som kanske vet mera. Något nytt, Rogero?

HOVMAN 2

Idel fyrverkerier! Det som oraklet spådde har blivit verklighet, kungens dotter är återfunnen! Så många mirakler har inträffat under den senaste timmen att ingen balladskrivare skulle kunna skildra dem.

En tredje hovman kommer

Här kommer fru Paulinas hovmästare, han kan ge bättre besked. Vad händer? Nyheten som påstås vara sann liknar till den grad en saga att man verkligen kan fråga sig om den är trovärdig. Har kungen fått tillbaka sin arvinge?

HOVMAN 3

Det är fullkomligt sant, om nu en sanning någonsin blivit bekräftad till alla delar. Allt vad man hör tror man sig se, så precis stämmer bevisen överens. Drottning Hermiones kappa, hennes halsband som barnet hade på sig, brevet med Antigonus handstil, det majestätiska hos flickan som helt liknar sin mor, allt det aristokratiska som visar att natur betyder mer än uppfostran, detta och en mängd andra tecken vittnar klart om att hon är kungens dotter. Såg ni när kungarna möttes?

HOVMAN 2

Nej.

HOVMAN 3

Då har ni gått miste om en syn som borde ses men inte kan beskrivas. Ni skulle ha sett den ena glädjen övergå den andra, så att det verkade som om sorgen grät över att ta avsked av dem, deras glädje vadade nämligen i tårar. De himlade med ögonen och gestikulerade, och deras anletsdrag var så förvridna att man kände igen dem på kläderna snarare än på utseendet. Alldeles ifrån sig av förtjusning över att ha återfunnit sin dotter ropar vår kung: »Ack, din mor, din mor!« som om glädjen hade blivit en förlust. Sedan ber han kungen av Böhmen om förlåtelse, omfamnar sin svärson och nästan kväver dottern med kramar. Så tackar han den gamle fåraherden som står där som en väderbiten stenfigur på en brunn, en som hade sett kungar komma och gå. Aldrig har jag hört talas om ett sådant möte, det är omöjligt både att föreställa sig och beskriva det.

HOVMAN 2

Men vad blev det av Antigonus som förde bort barnet?

HOVMAN 3

Det låter också som en saga som ständigt berättas vidare fast tilltron har somnat och inget öra gitter höra på. Han slets i stycken av en björn. Det intygar fåraherdens son med en barnslig enfald som gör att man måste tro honom. Dessutom har han en näsduk och några ringar som har tillhört Antigonus. Paulina känner igen dem.

HOVMAN 1

Men vad blev det av skeppet och manskapet?

HOVMAN 3

Det sjönk i samma stund som deras herre dog, och i fåraherdens åsyn. Allt och alla som tjänat som redskap då barnet sattes ut, det gick förlorat samtidigt som den lilla hittades. Men åh, vilken ädel strid mellan sorg och glädje som utkämpades i Paulinas bröst! Än slog hon ner ögonen i sorg över sin make som hon förlorat, än lyfte hon dem mot himlen för att oraklet hade besannats. Hon omfamnade prinsessan så hårt som om hon ville nagla fast henne vid sitt hjärta för att aldrig mer mista henne.

HOVMAN 1

Den oförglömliga scenen var värd att bevittnas av kungar och furstar, den spelades ju av så förnäma aktörer.

HOVMAN 3

Det som kanske grep oss mest och som fiskade efter mina ögon och fick vatten på kroken, om inget annat, det var när drottningens död beskrevs och orsaken till den, något som kungen ärligen bekände och begrät. Dottern lyssnade intensivt och blev djupt uppskakad. Hon visade alla tecken till sorg, och till slut stönade hon »ack!«. Jag skulle nästan vilja säga att hon blödde tårar, eftersom jag är säker på att mitt hjärta grät blod. Till och med den hårdaste bleknade, några svimmade och alla var djupt rörda. Om hela världen kunnat se det, hade det blivit en världssorg.

HOVMAN 1

Har de återvänt till hovet?

HOVMAN 3

Nej. Prinsessan hörde talas om statyn som föreställer hennes mor och förvaras hos Paulina, ett konstverk som har varit under arbete i många år och som nyligen fullbordats av den italienske mästaren Julio Romano. Om den konstnären hade haft evigheten på sig och kunnat blåsa liv i sina verk, skulle han ha konkurrerat ut moder Natur, så fullkomligt kan han imitera hennes skapelser. Han har avbildat Hermione så troget att man lär frestas att tala till statyn och hoppas på svar. Hur som helst: dit har de begivit sig med kärlekens hela iver, och där ämnar de supera.

HOVMAN 2

Jag trodde väl att hon har haft något viktigt ärende att uträtta där! Alltsedan Hermione dog har hon nämligen ensam besökt det ensliga huset två eller tre gånger dagligen. Ska vi bege oss dit och dela glädjen med de andra?

HOVMAN I

Ja, vem vill hålla sig borta om man kan få vara med? Varje ögonblick föder någon ny glädje. Är vi inte där får vi inte veta mer. Kom så går vi!

Hovmännen går

AUTOLYCUS

Om jag inte hade haft en och annan klick på mig från forna dar, så skulle nog utmärkelser regna över mig. Det var ju jag som förde gubben och hans son ombord till prinsen och berättade för honom att jag hade hört dem tala om ett bylte och vad det nu var. Men han var så pinkär i fåraherdens dotter, som han trodde hon var, och båda började bli ordentligt sjösjuka då stormen fortsatte, ja, så förblev gåtan olöst. Nå, det kan kvitta! Hade jag varit den som avslöjat hemligheten, hade det inte hjälpt mig, jag med mina meriter!

Herden och herdepojken kommer

Men här kommer ju de som jag har hjälpt emot min vilja, redan i blomman av sin lycka, verkar det som.

HERDEN

Ja min gosse, jag är för gammal för att få barn, men dina söner och döttrar kommer till världen som fint folk.

HERDEPOJKEN

Goddag! Häromdagen vägrade du att slåss med mig för att jag inte var tillräckligt fin, men ser du de här kläderna? Säg att du inte ser dem, så kan du fortfarande tro att jag inte är född adelsman. Du kunde lika gärna säga att kläderna inte är födda adelsmän. Förneka det bara så ska du få se om jag inte är adlig!

AUTOLYCUS

Nu vet jag att ni är av ädel börd, herre.

HERDEPOJKEN

Och det har jag varit i ett sträck i hela fyra timmar.

HERDEN

Jag med, gosse lilla.

HERDEPOJKEN

Det har du, ja. Men jag var högättad före far min, för kungens son tog mig i handen och kallade mig bror, och sedan kallade bägge kungarna min far för bror, och så kallade min bror prinsen och min syster prinsessan min far för far, och så grät vi, och det var de första adliga tårar vi någonsin har gråtit.

HERDEN

Och får vi leva kommer vi nog att gråta många fler.

HERDEPOJKEN

Ja visst, det vore väl illa annars, när vi nu har blivit så respektabla!

AUTOLYCUS

Jag ber er ödmjukt att förlåta all orätt som jag har gjort er och att lägga er ut för mig hos fursten, min herre.

HERDEN

Gör det, min son. Vi måste vara ädla nu när vi är adliga.

HERDEPOJKEN
Vill du börja ett nytt och bättre liv?

AUTOLYCUS
Ja, om det behagar ers nåd.

HERDEPOJKEN
Ta mig i hand. Inför prinsen ska jag svära på att du är en lika hederlig karl som någon annan i Böhmen.

HERDEN
Säga det kan du, men inte svära på det.

HERDEPOJKEN
Kan jag inte svära på det nu när jag är adelsman? Småborgare och bönder kan få säga det, men jag svär på det!

HERDEN
Men om det är fel då?

HERDEPOJKEN
Är det aldrig så fel, kan en äkta adelsman svära på det för en väns skull! Jag kan svära inför prinsen att du är en rejäl och nykter karl, fast jag vet att du inte är så värst rejäl, och att du super dig full ibland. Om jag svär på det hoppas jag att du blir en rejäl karl.

AUTOLYCUS
Det ska jag bli, efter bästa förmåga!

HERDEPOJKEN
Ja, se till att du blir karl för din hatt! Om jag inte förvånar mig över att du vågar supa dig full fast du inte är en rejäl karl, så lita aldrig mer på mig. Men hör! Kungarna och furstarna, hela tjocka släkten, går nu för att titta på drottningens bildstod. Följ med, vi ska beskydda dig.

De gå

Scen 3

Ett kapell i Paulinas hus. Leontes, Polixenes, Florizel, Perdita, Camillo, Paulina och hovmän kommer.

LEONTES
Paulina, trogna vän, så mycken tröst
jag fått av dig!

PAULINA
Ers höghet, det var välment
om inte annat. Alla mina tjänster
har fått sin lön. Men att ni ville gästa
mitt enkla hem tillsammans med
er krönte bror och dessa tronarvingar,
det är ett övermått av nåd som aldrig
jag i min levnadstid kan återgälda!

LEONTES
Den äran är väl till besvär för dig,
men vi vill se skulpturen av vår drottning.
Ditt galleri har vi passerat nu
och glatt oss åt en del unika ting,
men inte fann vi det min dotter sökte:
sin moders bild.

PAULINA
Som hon var makalös i livet,
så överträffar hennes döda avbild
det mesta ni har skådat hittills
och allt vad mänskohänder åstadkommit,
och därför står den ensam, undangömd.
Här är den. Så bered er på att se
hur med fulländning livet efterbildats,
som sömn kan härma döden. Se och säg
att det är mästerligt!
Hon drar ett förhänge åt sidan och visar Hermione stående som en staty
Er tystnad gläder mig, den vittnar om
förundran. Säg mig först, ers nåd,
om den är lik?

LEONTES

Just så var hennes hållning!
Du kan gott förebrå mig, kära sten,
för mina stora fel, så jag kan säga:
du är Hermione! Nej, hellre att du är det
för att du inte bannar! Hon var mild
som barnasinnet och som Nåden är det.
Men du Paulina, min Hermione
var inte rynkig, inte alls så gammal,
som bilden verkar!

POLIXENES

Åh nej, långt ifrån.

PAULINA

Så mycket större då skulptörens konst,
för han har låtit sexton år förflyta!
Här står hon liksom om hon levde nu.

LEONTES

Så skulle hon sett ut ifall hon levat.
Det skulle gjort mig lika gott som nu
den tanken pinar mig... Så stod hon, ja,
så full av majestätiskt liv, så varm
som när jag friade en gång till henne,
och inte kall som nu! Jag känner skam
ty stenen förebrår mig att jag själv
är mera sten än den. Kungliga konstverk,
du har en majestätisk höghet, och du har
väckt minnet av min stora synd och gjort att
min dotter står här stum av häpnad,
förstenad liksom du!

PERDITA

Säg inte det är övertro om jag
nu faller ner på knä och ber att hon
välsignar mig. O, drottning, mor, ditt liv
tog slut när mitt begynte. Ack, jag ber dig:
ge mig din hand att kyssa!

PAULINA

Vänta litet!

Statyn blev färdig nyss, och färgen
har inte hunnit torka ännu.

CAMILLO

Min kung, er sorg har blivit alltför djup
när sexton vintrar inte drivit bort den
och somrar torkat ut den. Ingen glädje
består så länge. Andra sorger skulle
för länge sen ha tagit livet av sig.

POLIXENES

Min käre broder, låt nu den som
har vållat detta få befria dig från
så mycken sorg som han kan bära själv!

PAULINA

Ers nåd,
ifall jag anat att ni skulle bli
så upprörd av min stackars bildstod,
ja, den är min, då skulle jag väl aldrig
ha visat den!

LEONTES

Jag ber, låt skynket vara!

PAULINA

Nej, ni får inte stå och stirra mer.
Er fantasi kan komma er att tro
att bilden rör sig.

LEONTES

Åh, dra inte för det!
Må blixten slå mig om jag inte tyckte...
Vem var det nu som gjorde den? Min broder,
säg, ser det inte ut som om hon andas,
som om hon hade blod i ådrorna?

POLIXENES

Ett mästerverk! Man anar livets värme
på hennes läppar.

LEONTES

Och hon flyttar blicken...
Ja, så kan konsten härma efter livet.

PAULINA
Nu drar jag för. Min konung blir så upprörd,
snart tror han att statyn är levande.

LEONTES
Ack käraste Paulina, låt mig tro det
i tjugo år! Allt sunt förnuft i världen
är ingenting mot lyckan i mitt vanvett.
Dra inte för!

PAULINA
Förlåt, jag plågar er,
men värre kan det bli.

LEONTES
Gärna för mig,
ty denna smärta har en smak så ljuvlig
som någon undergörande dekokt.
Nu verkar det igen som om hon andas.
Kan någon mejsel skapa andedräkt?
Le inte åt mig, jag vill kyssa henne!

PAULINA
Låt hellre bli, ers nåd. Den röda färgen
på hennes mun är ännu fuktig.
En kyss förstör den, och ni fläckar ner er.
Ska jag dra för?

LEONTES
Inte på tjugo år!

PERDITA
Ja, lika länge kunde jag stå kvar
och bara se på henne.

PAULINA
Lämna antingen
kapellet genast eller var beredda
på ännu större under! Törs ni se det,
då låter jag skulpturen röra sig
och stiga ner och ta er hand. Då tror ni
att jag får hjälp av onda andemakter,
men det är inte sant.

LEONTES

Vad du kan få henne att göra,
det vill jag gärna se, och vad hon säger,
det hör jag gärna. Kan hon röra sig,
kan hon väl också tala?

PAULINA

Nu krävs det tro. Stå stilla allesamman!
Säg inte att jag gör förbjudna konster,
i så fall får ni gå!

LEONTES

Nej, fortsätt! Ingen
ska röra sig.

PAULINA

Musik, väck upp henne!

Musik

Stunden är inne. Bryt förstenigen,
stig ner, kom närmare! Slå oss med häpnad!
Nu kan din övergivna grav bli stängd.
Låt Döden få din stelhet – ifrån honom
har livets glädje frälst dig. Se, hon rör sig!

Hermione stiger ner

Räds inte! Vad hon gör är lika heligt
som min magi är god.

Till Leontes Vik inte undan
förrän hon dör till sist, för annars dödar
ni henne nu. Räck henne handen!
I hennes ungdom var det ni, ers nåd,
som friade till henne. Ska hon nu
som mogen kvinna fria till sin make?

LEONTES

Åh, hon är varm! Är detta trolldom,
då bör det vara lovligt – som att äta.

POLIXENES

Hon tar honom i famnen!

CAMILLO

Hon hänger om hans hals!
Om hon hör livet till, kan hon väl tala.

POLIXENES
Och säga var hon varit, eller hur
hon gjort sig fri och smugit bort från döden.

PAULINA
Ifall ni hörde sägas att hon lever,
ni skulle viftat bort det som en saga.
Nu ser ni att hon lever fast hon tiger.
Men vänta litet...
Till Perdita Sköna unga dam,
grip in och hjälp oss nu! Böj knä och be
er mor välsigna er.
Till Hermione Min drottning,
se, Perdita är återfunnen!
Visar på Perdita som knäböjer

HERMIONE
Ni höga gudar, se hit ned och låt
från era helga skålar nåden strömma
över vår dotters huvud! Säg, mitt barn,
hur blev du räddad, och var har du varit?
Hur fann du vägen till din faders hus?
Alltsen jag hörde av Paulina att
oraklet gett mig hopp om att du levde,
har här jag levat undangömd, i väntan
på vad som skulle ske.

PAULINA
Berätta,
det får ni göra sedan, för de andra
kan annars störa er med allt sitt prat,
så att ni glömmer bort er egen glädje.
Ni lyckliga, gå nu och dela med er
av er triumf åt alla och envar!
Jag, gamla turturduva, flyger bort
till någon vissen gren och sörjer där
till livets slut min make som jag mistat.

LEONTES
Seså, Paulina!
Du borde ta en man med hjälp av mig,

som jag med hjälp av dig har fått min fru.
Du minns väl vad vi lovade och tror?
Min hustru fann du, hur förstår jag inte.
Jag såg ju henne död, så trodde jag,
och många böner har jag bett förgäves
på hennes grav. Nu kan jag lova dig
en värdig man. Han finns här, nära oss.
Hans sinne känner jag rätt väl. Camillo,
ta hennes hand! Din trofasthet och heder
är väl bekanta och bekräftade
av oss två kungar. Låt oss gå vår väg.

Till Hermione

Se på min broder! Och förlåt, ni båda,
att jag emellan era rena blickar
har låtit skuggan av en svartsjuk ondska
få tränga in. Se här din måg,
en kungason som blir din dotters brudgum,
ty så vill gudarna. Kära Paulina,
följ med oss nu till någon plats där vi
i lugn och ro med frågor och med svar
kan få besked om vad som hänt oss alla
den långa tid som gått sen dess vi skildes.
Kom, låt oss skynda på!

De går